個人儀式的力量

用微小而深刻的奇蹟習慣，在混亂中安頓身心

The Power of Ritual

Turning Everyday Activities into Soulful Practices

作者＿卡士柏・特奎勒 Casper ter Kuile

譯者＿黃怡雪

致

我的父親，

是他教導我何時該遵守規則；

以及我的母親，

是她教導我如何轉化它們。

好評推薦

「對於任何想在我們所處的陌生而新奇世界中尋找意義的人來說，本書是必不可少的讀物。這本書極富智慧和同情心，是一本罕見且確實可能改變您的人生的書。至少，它絕對改變了我的生活。」

——約翰．葛林（John Green）

《生命中的美好缺憾》作者

「如果您對建立連結，或尋求更多生活中的美好事物充滿熱情……這本書將是您的新聖經。」

——克麗歐．韋德（Cleo Wade）

《誰都是帶著心碎前行》作者

「卡士柏・特奎勒持續關注這一代人對意義的探索。以《我們如何聚在一起》研究做為基礎，《個人儀式的力量》提供了一個激進的主張：我們可以決定何為神聖。」

——普莉亞・帕克（Priya Parker）

《聚會的藝術》作者

「卡士柏・特奎勒的書明智且非常有用：它讓你有機會以微小但重要的方式重塑你的生活，好讓你更快樂、更平靜，更能夠完成你在這個星球上必須完成的工作。出版那天就將成為經典！」

——比爾・麥吉本（Bill McKibben）

國際氣候變遷行動組織 350.org 共同創辦人

「我一直在等這樣的書。《個人儀式的力量》教會我們如何將閱讀、健身、獨處時間視為儀式，將人視為神。我無意褻瀆，但這本書將是我最新的神聖文本！」

——史考特・海夫曼（Scott Heiferman）

社群交友應用程式 MeetUp 共同創辦人

「《個人儀式的力量》提出了令人震驚的觀點：幸福感不在於增加新事物，而是通過新的目光重新看待我們原本擁有的事物。」

——伊凡．夏普（Evan Sharp）
圖像社群網站 Pinterest 前共同創辦人

「在這本以研究為基礎、發人深省的書中，卡士柏極度完美地掌握到個人儀式的力量。儀式是建立社群不可或缺的一部分，他仔細分享了許多如何將儀式融入日常生活並創建社群的重要例子。這是任何領導者必讀的書。」

——拉達．阿格拉沃爾（Radha Agrawal）
晨舞派對社群「破曉者」共同創辦人兼執行長

「當我們重新想像自己與自我、彼此和自然的關係時，《個人儀式的力量》提供了對新舊傳統的深刻見解。超棒的。」

——伊麗莎白．卡特勒（Elizabeth Cutler）
知名健身品牌「靈魂飛輪」共同創辦人

「人類天生就是為了體驗超然的感覺、為了崇拜——且雖然這可能會讓很多人感到驚訝——但也是為了儀式。卡士柏・特奎勒邀請我們在日益世俗的日常生活中發現神聖，並將我們的日子變成歡樂、讚美和感恩的儀式。」

——詹姆士・馬丁（James Martin）

《平凡見神妙》等作者

「經過深思熟慮的處女作，那些開始探索靈性的人將會在本書中找到豐富的想法。」

——《出版商周刊》

「特奎勒的書探討了我們如何在日常活動（與家人共進晚餐、晨間瑜伽）和定義全新儀式中，找到意義和幸福。」

——《波士頓環球報》

目錄

好評推薦 004

推薦序 讓生活更幸福的個人儀式／達契爾．克特納 010

前言 典範轉移 016

你能透過更多層次、更深刻連結的眼光，
重新建構你早已根深柢固的習慣，再繼續深入挖掘，
讓它變得有意義，成為你的個人儀式……

第一章 與自己連結 053

閱讀時，思考書中人物與你相似或相異之處、
反覆重讀故事背後的意義、
每週設定一段遠離3C、社交或工作的時間……

第二章 與他人連結 113

定期聚餐、舉辦一人帶一菜派對、設計飯前禱詞、
加入擁有強大凝聚主題的健身房或運動社群、
固定結伴訓練或參加比賽……

第三章
與自然連結
森林漫步、城市遛狗、日常慢跑都能視為朝聖之旅；
設計一份個人化的日曆，放上對你有意義的紀念日；
練習有意識的呼吸、照料植物，全心融入自然……
151

第四章
與宇宙連結
花時間放慢腳步做任何一件小事、
勇於與人分享自己的失敗和弱點、
做生命只剩下最後一年、一週、一小時的想像練習……
193

第五章
連結之後
當你拆解及混搭精神生活，創建自己的個人儀式後，
如果少了整合所有儀式的「生活準則」和「承諾」，
儀式將無法真正發揮效用……
231

致謝
250

推薦序

讓生活更幸福的個人儀式

——加州大學心理學教授　達契爾．克特納

我們生活在碎片化的時代裡。許多學者們不斷研究我們的社群，如家庭、宗教團體、鄰里關係、工作團隊以及興趣團體正如何轉變。這些社群曾經很穩定且持續，如今卻因為經濟與社會的轉變，人們對單一工作、地點、友誼及婚姻的堅持時間越來越短暫。

基於更深層與歷史上的原因，無論是好是壞，我們的認同感如今更加碎片化了。比起過去，如今我們擁有更複雜、更豐富的靈性認同、性別認同以及種族身份認同。我們正生活在一個全球化的世界。

即使如此，這時代也有許多值得讚許之處：主權自由的興起、不斷增加的女性領導者人數、藝術和資訊的泛民主化，以及緩慢但開始有所進展的平權運動（如恐同、性別歧視和種族主義等），定義了我們近代的歷史。

但也有很多值得擔心的地方——人們開始感受到歸屬感的缺席。研究發現，美國乃至全世界的一般公民，比以往任何時候都更加孤獨。人們的朋友越來越少。他們花費過多的時間在上下班通勤，或是滑手機瀏覽資訊。人們對其他人的信任度降低，並且比以往投入更多在工作上。許多人在十年前熱切迎來的先進科技，如今證明並不是烏托邦式、連接和共享的數位新世界，而是一個由焦慮、孤獨、無止境地拿自己跟他人比較，也許還包括監視的新世界。我們的碎片化生活儼然為焦慮的時代鋪平了道路。

碎片化的現象讓身心都付出了明顯的代價。做為心理學教授，我在加州大學柏克萊分校教授幸福科學，並透過線上課程、數位內容和我的 Podcast「幸福的科學」觸及了成千上萬的人們。超過二十年投入這個主題的過程裡，不斷有人問我一個關鍵問題：該如何找到更深刻的幸福？

科學提供了我們一個抽象的答案：尋找更多社群，加深你與其他人的連結。透過有意義的方式與其他人相處，找到能整理你的生活的儀式。研究表示，這會增加你的幸福感，為你帶來更大的快樂，甚至能讓你的壽命延長十年。深刻的連結以及融入社群的感覺，能夠降低與壓力相關的皮質醇指數。連結感能活化大腦中有關獎勵和安全的迴路；它們能活化神經系統中某個稱為迷走神經的區域，該區域會減慢我們的心血管系統、並讓我們向他人敞開心扉；它們還能導致催產素的釋放，催產素是一種促進合作、信任和慷慨的神經化學物質……等。好處是如此之多，但我一直很難指出一套深刻、實用、有原則的方法，來建立連結、社群和儀式感。

但現在我可以了。在卡士柏・特奎勒富有啟發性的著作《個人儀式的力量》中，我們能找到透過社群獲得更多意義的地圖。第一步是透過創建日常的「個人儀式」。在我看來，儀式是透過模式化、重複的方式，讓我們能培養正向的情感（包括同情、感恩、敬畏、幸福、同理、狂喜），這些情感都是在原始人類進化的過程中形塑而成，並在文明進化的過程中，逐步融入到我們的文化結構中。

我是從卡士柏身上學到這個概念的。二〇一八年夏天，他邀我一起造訪我最喜歡的巴黎大教堂——聖日耳曼德佩修道院（Saint-Germain-des-Prés），帶我進入一種儀式化的體驗。在進入教堂內部的明亮空間之前，我們繞著整棟建物順時針轉了一圈，感受正念走路帶來的聲音和圖像流。然後我們施捨一位在入口處乞討的人，以表達對仁慈的深切認同。坐在長椅上之前，我們屈膝跪地、為我們關心的人提出請求，並做了安靜的反思——禱告。我們欣賞了彩色玻璃窗的圖案和顏色，反映了大自然的圖樣和美麗——葉子的脈絡、樹木的顏色、湖泊的倒影。我們的注意力轉移到了大教堂的後殿，就像在仰望天上的雲彩。我們以一種安靜的方式與自己連結。雖然我沒有宗教信仰，但這些簡單的儀式行為（就像貫穿這本書的各種個人儀式），帶給我一種平靜、崇敬，甚至優雅的感覺。

儀式創造了一些我認為人類在進化過程中被贈予，並在文明中不斷精進的偉大能力：分享、歌唱、吟唱、崇敬、發現美、跳舞、想像、靜思，並擁有感受超出所見事物的能力。卡士柏的書指向更高的原則，透過這些原則，你可以在自己碎片化的生活中創造更多儀式：閱讀「神聖文本」（六月時我重讀了詩人華特・惠特曼（Walt Whitman）的《自我之歌》（*Song of Myself*），那是我家的神聖文本，且一如既往地被感動）；在生活中安排「暫離日」，讓你可以遠離工作、科技、社交，以及經常安排太多事項的每日待辦清單；安排一段有意識的靜默時間，反思愛、感恩與懺悔（或某些人可能會稱之為「禱告」）；與他人一起吃飯；走入自然，找尋超越自我的宇宙源頭，還能修復愛默生（Emerson）所說的那些「生活的災難」。從碎片化的基礎出發，卡士柏提供他對精神生活廣泛而綜合的觀點，鼓勵讀者將一系列儀式結合在一起，為我們的生活帶來更多意義和連結。

卡士柏或許還提供了更具挑戰性的前景：喚醒你已經本能創造的個人儀式和社群。科學家已經證實，我們有一種生理上的歸屬需求。如果沒有社群，就像長期單獨監禁在牢房中的囚犯，會讓我們失去理智。人類天生會尋求並創造充滿活力和力量的儀式。我打了街頭籃球二十年，從加州的聖塔莫尼卡到麻州的布羅克頓，再到法國的城市，我幾乎在去過的每個城市都打過籃球，我跟任何人都能打球，直到我的膝蓋軟骨再也受不了。我甚至不是打的很好的籃球員。當我不得不將高筒球鞋束之高閣，我最想念的並不是得分或勝利，而是在籃球比賽中將人們凝聚在一起的儀式：拳頭的碰撞、抗議和懺悔的手勢、慶祝的舞蹈、五個人在籃球場上一起進攻回防的模式等。這是一種很崇高的體驗。

卡士柏的絕妙好書引導我們去看見和感受已經成為生活一部分的儀式，將我們的思想轉變為社群思維。這些儀式可能正發生在你的飛輪課、登山旅行、音樂會、購物、與家人共進晚餐，以及在運動場上玩耍、交談、慶祝和安慰時——甚至在你使用智慧型手機時，讓你在分享照片、食譜、報價、笑話、GIF動圖、迷因和新聞時，也能夠加深連結。讀完《個人儀式的力量》之後，我逐漸明白有多少儀式早已進入我的日常生活。我感到精神境界明顯的提升了。

當代社會、經濟和建築的發展，例如獨棟住宅的興起，更加促成了這個碎片化的時代。這之中有很多值得詬病的地方，我們也能感受到比過往更多的疏離和孤獨的痛苦，但在這個時代裡，也有很多自由度和承諾，我們可以用更豐富、更複雜的方式創造社群和儀式，尊重並頌揚人類的多面性。本書將幫助我們達成這個目標。

前言
典範轉移

打從十幾歲起，我就確信——《電子情書》（*You've Got Mail*）是我此生看過最棒的電影。

帳號「紐約152」和「小店女孩」在《美國線上》（AOL）的聊天室裡相遇。請想像這是一九九八年的情境，當年正流行莫妮卡（Monica）的歌《這男孩是我的》（*The Boy Is Mine*），還有備受關注的總統柯林頓的性醜聞——他們只知道彼此都愛書、也愛紐約市，除此之外他們對彼此一無所知，甚至連彼此的的真實姓名都不知道。透過往返的電子郵件，他們墜入了愛河。他們毫不保留的跟彼此分享自己最私密的恐懼、希望及痛苦。就連沒有跟自己伴侶透露的事情，他們也會跟彼此分享。這就是線上匿名關係最棒的一點：可以同時感到緊密相連、卻又因保有隱私而感到全然安心。

而連結與安心正是當時的我所缺乏的感受。

當時已清楚意識到自己性向的我，和五十位雄性激素旺盛的青春期男孩們，一起生活在英國的某間寄宿學校裡。在那樣的環境下，我的存在極為格格不入。只消看一圈我跟其他三位室友共享的房間，你就知道是怎麼回事了。一走進房間，你會在右手邊看見半裸的超模和賽車的海報；左手邊則是重金屬樂團滑結（Slipknot）團員戴著恐怖面具的照片；而接著來到屬於我的角落，則是一整排阿嘉莎．克莉絲蒂（Agatha Christie）的小說和閃閃發亮的中性筆。

不用說，我絕對不會是橄欖球隊徵選的優先對象，足球隊也不可能，其實任何運動都不會。（我其實有參加有氧運動課，希望為未來的所有酷兒孩子們打破界線，但那又是另一個故事了。）

我一直都覺得很孤單。我會在散步的時候假裝理髮師正在大聲地問我：「上週的假期過得怎麼樣？」；我也會試著討好年紀比較大的男孩們，烤榛果醬三明治給他們，就像一隻在大草原上試圖投降的狒狒：拜託不要傷害我，我會帶食物給你們！

於是你們應該想像得到，為什麼一部有關愛、連結和快樂的電影，對我來說會如此意義深重。而且最重要的是，《電子情書》裡的兩個主角，一直到電影的最後一幕（是我最喜歡的一幕）才真正見到彼此。電影講述的是愛的承諾與彼此連結，而不僅僅是實體接觸。那種連結是我所渴望的。在我心中有某個很微小的部分深深相信宇宙的力量，相信也許有一天，如果是在迷人的曼哈頓就更好了，我也能找到屬於我自己的書店集團總裁，也剛好養了一條狗叫賓利。

我已經看了《電子情書》不下數十次，但對我來說，如今它所代表的早已不僅是一部電影，因為我已經讓它變得更有意義。關於何時觀賞、如何觀賞，我有一套非常鉅細靡遺的儀式（通常是自己一個人，通常會配一條夾心巧克力，還有奶油口味的哈根達斯冰淇淋）。對我來說，這可不是「現在來看個什麼吧」的電影，而是那種「現在我覺得很迷惘、孤單，我需要用盡一切努力，讓自己走出低潮」的電影。電影中的某些對白就像烙印一樣深深刻在我的心底。電影中的角色反映出在真實世界裡我想仿效的模範，或是時刻警惕的借鏡。對大多數人來說，這只是眾多電影中的一部愛情喜劇，但對我來說，《電子情書》是極為神聖的存在。

這正是本書的精華所在：把我們每天都會做的事情記錄下來，為它們賦予意義，成為儀式，即便是像閱讀或吃東西再平凡不過的體驗，也能被視為精神上的實踐。經過五年多的研究，並與全國各地的受訪者進行過數千次對話，我深信我們正處在某種典範轉移當中。過去能將我們凝聚成群體的元素，如今已經不管用了；傳統的靈性體驗，不再能幫助我們解決困境。就這點來說，正如同十六世紀的天文學家因為日心說的提出，必須重塑宇宙觀，我們也需要從根本上反思讓某些事物變得神聖的真正意義何在。

之所以會發生典範轉移，有兩個原因：首先，是因為有新的證據駁斥了先前所認定的假設——舉例來說，達爾文的《進化論》改變了我們對於演化生物學，以及《聖經》歷史準確性的理解。其次，是因為舊有的理論已經無法回答人們開始問的新問題。這正是當今社會正在發生的現象。在這個宗教和關係都在急速變化的時代，某種新的意義和社群的景象正在浮現，而傳統的精神結構只能在後面苦苦追趕、努力跟上我們當今的生活樣貌。

我寫這本書是為了幫助大家辨識出自己生活中早已存在的連結方式：你骨子裡早已存在的習慣和傳統，這些習慣可以加深你對意義、反思、庇護和歡樂的體驗：也許是去上瑜珈課，或者讀你最喜歡的書；也許是看看夕陽、藝術創作，或是點蠟燭；也可能是透過舉重、健行、冥想，或者和別人一起跳舞唱歌——不管是什麼，我們會從值得關注的事物開始，接著就會發現，在我們與最重要的事物建立連結的過程當中，能夠創造出更廣泛的意義及轉變。

這本是過去宗教的服務範疇，但如今它們卻常常失敗，更糟糕的是，許多傳統一直在極力拒斥我們，因此，我們需要找到新的前進方向。利用前人留下的精華，我們可以發現自己已置身於正在編寫的故事中，那是關於講述著與人深刻連結的生活意義的故事。即使沒有特定的宗教信仰，在本書中我們將探討的實踐做法——無論是日常個人儀式還是一年一度的傳統儀式，都可以共同構成屬於我們的當代精神生活。這些天賦和蘊含其中的智慧早已代代相傳許久，現在該輪到我們來解讀它們了。就從此時此刻起，就你和我。

真高興我們能一起踏上這趟旅程。

健身房就是我的教堂

過去七年來，我一直在研究這件事，只因為人們逐漸離開教會，並不代表他們就不那麼「靈性」了。身為哈佛神學院創新部的研究員，我和同事安吉・瑟斯頓（Angie Thurston）一直在研究正在改變中的美國信仰風景。我們發表了《我們如何聚在一起》（*How We Gather*）這篇論文❶，記錄人們如何在世俗的空間裡建立有意義的社群，而這原是宗教一直以來的工作。那篇論文也受到幾位主教還有推特（Twitter）前執行長的讚賞，我們也很高興能與美國最創新的社群領導者和歷史最悠久的意義建構專家在這件事上有共識。

透過上百場的訪談、參訪以及大量閱讀，我和安持續追蹤一些某種程度上接近宗教活動的世俗社群。不論我們去到哪裡、跟誰談話，我們習慣會問：「你在哪裡找到歸屬感？」一次又一次，答案讓我們震驚不已：十一月計畫（November Project）❷、客廳音樂會（Groupmuse）❸、豐收行動（Movimiento Cosecha，移民倡議組織）、最強泥

❶《我們如何聚在一起》（*How We Gather*）全文：https://sacred.design/insights

❷一個戶外的互助健身團體，旨在鼓勵人們走出健身房，彼此互助互勵，在各地的知名公共景點一同運動交流。

❸一個私宅音樂會平臺，透過新興社群網路，在私人客廳中舉辦小型音樂會。

人賽（Tough Mudder）[4]、關機營（Camp Grounded），但真正讓我大吃一驚的是健身公司「混合健身」（CrossFit）。

這些訪談對象不只說這是他們的社群，「混合健身就是我的教堂」成了一再出現的回答。在訪問當時還是哈佛商學院學生的亞莉．胡伯利時，她表示：「我的『CrossFit box』（會員對健身房的暱稱）就是我的一切。我的男朋友和一些我最要好的朋友都是透過混合健身才認識的……今年春天我們要找新租屋處的時候，立刻就鎖定離我們的健身房最近的區域。即使會增加通勤上班的時間，但我們並不想遠離社群，在健身房裡會有嬰兒和小孩到處爬，看著這些小傢伙一天天長大是很棒的體驗。

「混合健身就像一個充滿歡笑、充滿愛的家庭和社群。我實在沒辦法想像，生活裡要是沒了這群我透過健身而認識的人，會變成怎樣。」在亞莉的健身房裡，夥伴們除了一週五到六次一起訓練，還會在星期五晚上聚在一起喝酒。而在城裡另一個健身房裡，有個準媽媽社團，該健身房還會舉辦才藝之夜，讓成員們首次嘗試脫口秀表演或是演奏大提琴。

混合健身共同創辦人格雷格．格拉斯曼（Greg Glassman）其實從來沒打算要建立社群，但他衷心歡迎這個近似精神領袖的角色。在哈佛神學院接受我們訪談時，他表示：「不斷有人問我們『你們是邪教嗎？』，而我過了好久才領悟到，也許我們的確算是。這是一個積極、流汗、充滿愛、會呼吸的社群，對混合健身的夥伴來說，被視為某種『邪教』也許並不算是侮辱。紀律、誠實、勇氣、負責——這些你在健身房裡學到的特質，也能用於你的人生中。混合健身會讓你變成更好的人。」——有時候他說的話，聽起來還真是形而上得不得了——「我們服膺於某個更大的事物。」他說。即使混合健身是一間私人企業，他還是把自己視為顯性的神職人員。他談到混合健身的健身房具有「牧養羊群」和「照料果園」的作用，對此羊群也有回應——他們稱呼他為教練。

也許我們不該對此太驚訝。畢竟混合健身就是以傳福音的特質而聞名。在申請開設新分部的流程中，教練必須參加為期兩天的研討會，還得寫一篇文章說明，為什麼他們

❹ 被譽為「地球上最困難的挑戰」，參加者須成功穿越八至十六公里中的障礙物，強調自我挑戰、團隊合作、打造非傳統的挑戰賽。

想開一家分部。總部想在這些文章裡看到的並不是申請者是否具備商業頭腦、訓練技巧或他們的健身程度——最關鍵的元素在於，「混合健身」是否改變了你的生活，以及申請人是否想透過「混合健身」改善他人的生活。就這麼簡單。（相較於神學院五年的拉比教義研究和三年的學習！）

這些信徒的目標可不只是練出火辣的身材——任務遠比這大多了。根據格雷格教練的說法，「混合健身」是來拯救大家岌岌可危的人生。「明年將會有三十五萬名美國人因為坐在沙發上而死，這是很危險的。看電視很危險，深蹲很安全。」格拉斯曼特別想對抗美國的汽水產業。隨著糖尿病患者的比例持續攀升，可口可樂和百事可樂資助極力低估高熱量飲食會如何影響大眾健康的研究，格拉斯曼將「汽水巨頭」（Big Soda）也視為新興的一種企業犯罪。事實上，混合健身的公民參與程度確實越來越深入。在南加州的健身房負責人，會邀請當地的政治人物在他們的社群裡舉辦集會，以便聯合眾人之力，反過來利用汽水巨頭的影響力。混合健身也與協助人們擺脫成癮的全國非營利健身房網絡相互結盟。

更驚人、也更像宗教組織的一點，混合健身已經擁有一套可以紀念死者的儀式——

更明確來說，是那些在前線喪生的成員：服役中的士兵、警察，還有消防員。而這個致敬儀式並不只是提起他們的名字，跟他們有關的回憶會表現在波比跳、舉重和引體向上的組合中，成為全世界混合健身會員每日忠實執行的鍛煉菜單。混合健身大賽的前主持人羅利．麥克南（Rory Mckernan）介紹了一套名叫「喬西」的訓練課程，是為了向美國副元帥喬西．威爾斯（Josie Wells）致敬，他在路易斯安那州試圖逮捕犯下兩起謀殺案的嫌疑犯時不幸喪生。麥克南在影片中是這樣介紹這套英雄訓練課程的：「說出他的名字，了解他所做的事，想像一下把你的生命獻給某樣比你更偉大的事物上，以及此舉對留下來的人有什麼意義。記得在訓練前這麼做，我跟你保證，那將會改變你訓練的方式。安息吧！我的朋友。」

全世界有超過一萬五千個這樣的社群，這個現象引起安吉和我的注意。而即使是在減重或增肌上經常失敗的混合健身新手，讓他們仍然願意一再回歸的原因，正是深度參與感和彼此承諾的社群。

關於人們會建立呼應宗教傳統的現代社群這點，「混合健身」是最驚人、也最廣傳的例子，但它並不是唯一的特例。其他像最強泥人賽之類的健身社群也有相似的特質。

在最強泥人賽中，人們會聚集成群，克服複雜的障礙關卡（通常會全身都是泥巴），領導階層也完全不避諱拿宗教比喻。創辦人威爾．迪恩（Will Dean）二〇一七年對《點頭之交》（*Fast Company*）雜誌解釋說，最強泥人賽是「朝聖之旅、盛大而一年一度的慶典，就像聖誕節和復活節一樣。我們擁有的健身房，就成了當地的『教會』，也就是社群聚集的中心。你們擁有媒體，這有點像『禱告』。然後是我們的制服，有點像是戴上十字架或頭巾，或是任何形式的『宗教服飾』。」

然而，健身社群並不是人們尋找並探索歸屬感的唯一去處。圍繞著遊戲和創意而聚集起人們的團體，也是建立社群的空間。位於美國波士頓的創客空間❺「工匠庇護所」（Artisan's Asylum），是一個由藝術家、工匠、發明家、珠寶設計師、機器人專家、改造單車設計師、工程師、設計師等組成的社群。串聯這個空間的創意精神，體現在成員們如何互相幫助彼此使用不熟悉的機器或材料上。這裡有一份活躍的聯絡人清單，有助於某人協尋難以找到的零件，也有助於新的工匠找到入門的管道。一位女士分享說，她想為她的小女兒製作一件複雜的蝴蝶萬聖節服裝，其中包含會閃爍的燈。幾個小時內，她需要的材料就送到她家門口，還有一位技藝高超的創客已經準備好要指導她完成這件服裝。感恩節的時候，整個社群會用一人帶一菜的方式，聚集在一起吃豐盛的一餐，長桌上還裝飾有他們的作品和自製菜餚，他們稱之為「創客感恩節」（Makers-giving）。「工匠庇護所」早已不只是個社群而已，這是個人們會逐漸成為他們想成為的人的地方——學習焊接之類的新技能讓人們有信心嘗試更多新事物，比如即興表演或歌唱；成為某個技藝新手的導師，能讓人們改變看待自己的方式。而且因為有些成員有居住弱勢問題，這個空間是二十四小時開放，整個社群也因此開始對市政府熱烈倡議更完善的社會住宅制度——從這點不難看出跟宗教組織的相似之處。

經過一年半的訪談和參與、觀察之後，安吉和我已經準備好在《我們如何聚在一起》這篇論文裡分享我們學到的東西。我們發現，現代空間不只能提供人們類似過去宗教組織所提供的連結感，同時它們也提供了其他能滿足心靈需求的事物。這些社群提供了促成個人和社會轉變的契機，讓人們有機會展現創意、釐清自己的人生目的，並提供

❺ 創客（Maker），意指一群酷愛科技、熱衷實踐的人，他們以分享技術、交流思想為樂趣。創客空間則是人們可以一起使用並學習運用材料，同時開發創意專案的地方。

讓人們能夠互相負責與建立社群連結的系統。

也因為這些社群的負責人受到高度信任和尊重，當社群成員發生重大問題或站在人生的抉擇口上時，經常成為求助的對象。我們聽過瑜珈教練和美術老師主持婚禮和葬禮的例子，也有人確診疾病或分手時，會去找社群負責人諮商——儘管比起照顧心靈，他們其實更擅長照顧身體。有一位靈魂飛輪（SoulCycle）[6]的教練還回憶說，某個星期日下午，她收到一位會員的簡訊，問說：「我應該跟我的丈夫離婚嗎？」這些社群負責人，沒受過正式訓練、也沒有準備好處理這些重大的人生轉變，總之是盡其所能了。這類社群的凝聚力也體現在成員生病時：其他成員會帶來食物、舉辦募款活動、開車帶他去看診等。漸漸的，儘管他們看起來不像傳統的宗教組織，我們卻可以看到，古老的信仰模式正在現代脈絡下找到新的表現方式。

研究這些現代社群的過程教會了我這件事：我們會在傳統宗教空間之外，建立有意義和連結的生活，但在我們前進的過程中，虛構只能帶我們走這麼遠。我們需要一些協助，才能讓這些「儀式」站穩陣腳、變得豐富。而如果我們有足夠的勇氣看見，其實在古代傳統儀式中，我們可以找到極好的見解和創意，並將之調整運用到現代世界中。

為什麼連結很重要

注意到這些社群行為的轉變不只是有趣，而且還很重要。在社交孤立的危機中，孤單會導致傷心而死的情景並非幻想——真正的連結可不是奢侈品，而是必需品。

社交孤立的比率正在以飛快的速度飆升。我們當中有越來越多的人感到孤單，無法以自己渴望的方式與他人連結。二〇〇六年一篇刊登在《美國社會學評論》的論文顯示，人們能夠談論重要事情的人數，平均數字已經從一九八五年的二．九四降到二〇〇四年的二．〇八。基本上，我們每個人在最需要的時刻，能關心我們的對象越來越少——除了朋友以外，這個數字還包括家人和配偶。我們的社會結構正在逐步瓦解。

如今衛生官員們會把社交孤立的問題視為一種流行病。二〇一四年，即將就任歐巴馬政府公共衛生署長的維偉克．莫西（Vivek Murthy），接受石英財經網（Quartz）訪談，被問到上任後最想處理的健康議題是什麼時，他解釋說：「之前我並沒有把『孤

❻ 為美國知名健身連鎖品牌，以飛輪運動為核心的健身房。

獨』放在優先列表裡，因為當時那其實並不算是個問題。」但等他旅行踏遍全國各地之後，他遇見的許多人都在告訴他關於對抗上癮和暴力的故事，包括糖尿病之類的慢性疾病，還有焦慮和沮喪之類的精神疾病。但無論議題是什麼，社交孤立的現象都讓它變得更糟。「人們通常沒說出口的是那些關於孤獨的故事，揭露這些故事需要時間。他們才不會說『你好，我是約翰，我覺得很孤獨。』他們只會說：『我一直在對抗這個疾病』，或是『我的家人一直在對抗這個問題』，等到我進一步深入挖掘，才會知道事情的全貌。」連結斷裂會讓生活中的甜美事物都變得酸苦，也會讓任何困難變得更難以解決。事實上，自殺率正達到三十年來的新高。

數據說得非常清楚。在一項針對超過七十項研究的指標性綜合分析中，茱莉安・霍爾特・倫斯塔德（Julianne Holt-Lunstad）證實，相較於每天抽十五根菸或是過胖，社交孤立對我們的健康造成的損害更大。在她二〇一八年發表在《美國心理學家》的論文中，倫斯塔德總結說：「也許不會再有其他因素，能像社會連結（social connection）一樣，對人們從出生到死亡的人生長度和品質都有極大的影響。」

儘管我們的文化通常會強調自我照顧的重要性，我們卻也絕對需要社群的照顧。沒有它，社交孤立的影響會體現在許多方面，如會更難找到工作、難以維持健康的習慣，而且當重大自然災害發生時，我們更可能會被周遭人遺忘，因而喪生。

反常的是，當我們感覺遠離彼此的時候，我們的大腦進化的方向並不會促進連結，反而會力求自我保護。脆弱與同理心專家布芮尼·布朗（Brené Brown）在其著作《做自己就好》（*Braving the Wilderness*）中提到：「當我們感到孤立、疏離與孤單時，就會試著保護自己。在這樣的模式之下，我們會想要連結，但我們的大腦會試圖自我保護來取代連結，表現出來的就會是較沒同理心、更加防衛、更麻木、更常失眠……透過讓我們害怕與他人聯繫，不受控制的孤單將會變本加厲。」我先生和我把這個現象稱為進入「致命的迴圈」，在這個狀態之下，產生一連串的連鎖效應，很快地就會感覺自己難以從中掙脫。

一旦進入致命的迴圈，我們的大腦就會死命地設法抵抗喪失社會連結的狀況，但卻很難靠自己的力量擺脫。在其指標之作《心智巡禮》（*In Over Our Heads*）中，哈佛發展心理學家羅伯特·凱根（Robert Kegan）表示：「現代無形的精神壓力，可能相當於一種極為特殊的的文化需求，它認為每個人成年之後，都得在內心創造某種意識秩序，以媲美社群的集體智慧。」說得更簡單一點，我們必須單靠我們自己，在自己的大腦裡重新創造一整個村子的支持網絡，這遠遠超出了我們的生理能力，甚至影響到精神健康。「在我們自身的靈魂層面上，我們會感到無人陪伴。」凱根寫道。

然而，儘管這些統計數據提出了可怕的警告，卻還是有著希望。解決方案由來已久，而且就在我們周圍。為了我們的快樂和健康，我們可以加深自己現有的連結，擴展到我們周遭的世界和彼此身上。我們可以重新建立那些已經枯萎的關係。我們可以成為彼此的良藥。

我已經了解到，連結斷裂不僅攸關我們的身心健康，就連靈魂也會受苦。如果沒有豐富的人際關係，以及與某種比我們更偉大的事物連結的感受，就算是在生命中的重要場合，仍會感到空虛。當我們遇到人生的重大時刻時，如婚禮、出生、葬禮，我們經常會發現自己不知所措，如果我們沒有經歷以宗教為外衣的儀式，就不知道該如何標記這些時刻。想想小說家雪兒．史翠德（Cheryl Strayed）在她的回憶錄《那時候，我只剩下勇敢》（*Wild*）裡分享的故事，沒有宗教的指引，當母親去世時，她只能不知所措，那葬禮上會發生什麼事？在她悲傷的時候，能夠去找誰求助？過去的人們面臨這些時刻時，會轉向教會或廟宇求助：牧師或拉比會主持葬禮、會眾會為家族籌辦儀式，所有人都會知道該怎麼做，一切都會被妥善處理。但到了今天呢？就像史翠德一樣，我們會不知所措。當我們遇到這些人生里程碑時，如果不清楚該怎麼做，我們就會讓它們經過，卻無法全心全意地經歷這些時刻。

不僅如此，現代認為值得舉行儀式的場合數量少得可憐。更讓我震驚的是，隨著舉辦婚禮的預算和壓力年年上升的同時，其他儀式和慶祝活動的數量卻在下降。也許是由於我們不再慶祝春天的來臨或收穫的季節、新月或成年禮，因而對**生命中**少數存在的儀式變得更加積極參與，對意義的渴望變得如此興奮吧？

在此我提議這個做法：透過汲取舊儀式的菁華，來滿足我們的真實需求，透過重新建立更深的關係，並表達我們對意義和深度的渴望。

但為什麼我們會陷入這樣的困境呢？我們需要先了解，我們身處的是一個宗教影響力大幅衰退的世代，以及這樣的衰退對每個人意味著什麼。

「皆非族」興起

已經有很多文章提到宗教的衰退與所謂的「皆非族」（當被問到宗教認同時，會勾選「以上皆非」的人）興起的關聯性。將近一世紀前，幾乎可以預先假設，我們周圍所有人都可以被劃進某個宗教派別裡——不論是天主教、長老會、猶太教改革派、非洲衛理公會或貴格會——但時至今日，我們當中許多人同時擁有多重身分，或是一項也沒有。也許你出生於印度教父親與猶太教母親的家庭，在成長的過程中，會同時慶祝逾越節（Passover）和排燈節（Diwali），現在卻發現你自己這兩者都只會參與一點點。或者，你曾是衛理公會教徒的父母，送你去上聖公會的主日學[7]，直到基督文化完全融入你們的家庭生活。又或者就像我一樣，成長過程中並沒有任何特定的宗教信仰，但會慶祝通俗的節日，還有許多混合了家庭儀式和傳統的特殊日子。無論你在宗教信仰的光譜上落在哪裡，在宗教認同與實踐逐年變化的趨勢裡，你都無可避免地身處其中。形容自己是無神論者、不可知論者，或「沒有任何特定宗教信仰」的美國人的比例已經成長到二十六%，二〇一九年總體社會調查的數據更顯示，皆非族的人數現在就跟美國的福音派信徒和天主教徒一樣多。

意料之中的是，這個趨勢在年輕人當中最為顯著。根據二〇一九年皮尤研究中心的民調，在千禧世代（在一九八〇年到一九九五年之間出生的人）當中，皆非族的比例約是四十%。研究數據也顯示每個新世代都會比上一代更不相信宗教。二〇一八年一項由巴納所做的調查顯示，Z世代中有十三%的人認為自己是無神論者，相較於全國成年人平均的六%，這個數字是兩倍以上。但是這個差距的趨勢幾乎在每個年齡層都是如此。二〇一四年調查顯示，戰後嬰兒潮世代當中幾乎每五人就有一人是皆非族（十七%），而在X世代當中，幾乎每四人就有一人符合這個數據（二十三%）。這一切都對宗教的基礎結構上造成了巨大的衝擊。比如說，杜克大學的社會學家馬克．查韋斯（Mark Chaves）就已經估計，每年將有超過三千五百間教會關門大吉。

當然，美國並不孤單。歐洲的情況其實更加明顯。二〇一七年一項由英國國家社會

❼ 指基督教教會於主日（通常為星期日）早上在教堂或其他場所進行的宗教教育，內容多以查經、教授基本聖經內容為主。

研究中心所做的調查顯示，十八到二十四歲的人當中有七十一％認為自己沒有宗教信仰，而從一九八〇年到二〇一五年之間，英國教會的出席率已經從將近十二％跌到五％。

再強調一次，這並不是說我們變得越來越不重視心靈。但數據確實告訴我們，人們對精神的追求方式正在改變。

人類對精神生活的追求和宗教文化的需求改變，也許可以類比為音樂和音樂產業的轉變。在過去二十年間，音樂產業一直在奮力掙扎，從二〇〇〇年到二〇一〇年間，CD的銷量大幅滑落。但是我們對音樂本身的熱愛卻仍然持續。在科技導致的危機出現幾十年後，音樂產業已經找出了一種新的商業模式：將串流訂閱與唱片銷售結合，創下了十四年來的銷售新高成績。同樣的現象也發生在我們的精神生活中：快節奏的創新與豐富傳統的混合體。出席宗教活動的比例雖然降低了，但是我們對於歸屬社群和意義的渴望卻仍然存在。傳統的精神寄託對象正在衰退，但卻有數百萬人會下載冥想應用程式，也會參加週末的靜修會。此外，他們還在「完全不具宗教性」的地方找到心靈層面的教誨與樂趣，比如瑜伽課、詩人克麗歐・韋德（Cleo Wade）和露琵・考爾（Rupi

Kaur）的詩，還有像是匿名戒酒會和「晚餐派對」（Dinner Party）這樣的互助團體。露天音樂會和卡拉ＯＫ取代了宗教活動中的唱詩歌，而Podcast 和塔羅牌也取代了佈道或是經典的傳授。

在其著作《選擇我們的宗教》（*Choosing Our Religion*）中，伊莉莎白・德勒舍（Elizabeth Drescher）表示，像我們這樣的皆非族會把自己的精神生活視為有機與新興的，比起加入組織化的信仰與認同，我們更傾向加入周圍的社群。換句話說，比起加入一個組織，我們更偏好與另一個個體產生連結。我們會認為宗教組織容易犯下偽善、貪婪、批判主義、性暴力、反科學的無知與恐同症的錯誤，人們也會因為無趣或公式化的宗教儀式體驗而選擇離開。正如德勒舍描寫的，對我來說最有趣的是，我們會特別小心提防「以可能損害個人完整性和真實性的方式改寫自我認同」的宗教信仰。即使只是認知到我們或許擁有精神性的一面，都讓我們緊張不已。值得注意的是，德勒舍訪問的對象中有超過一半的人，每當談起自己生活當中某些形而上的事物，就會用「隨便、都可以」之類的句子回應！

所以讓我再說得清楚一點，無論你展現的精神生活方式是什麼，那都是合理的。無論你感受到神聖的場合是在籃球場上或是海灘，是在煮飯或是做手工藝的過程，是跟你的狗依偎在一起或是在數千人中唱歌，是在佈道大會或是祭壇上……當你讀到這些的時候，絕對不需要說「隨便、都可以」，好嗎？各位可以把這本書想成是一帖增加你的自信和社會認同的處方。

拆解傳統，然後混搭

我們理解宗教的方式，就像當代文化所有層面，都受到改變我們生活的科技所影響，尤其是網路的興起。傳統的宗教組織——尤其是那些宣稱擁有專業知識和權威色彩的組織，已經失去了我們的信任。但正如麻省理工媒體實驗室前任總監伊藤穰一（Joi Ito）在其與郝傑夫（Jeff Howe）合著的《進擊》（*Whiplash*）一書中表示的，新的系統並不會取代權威。相反地，改變的是我們對於資訊的基本態度。「在這個現象當中，網路扮演了相當關鍵的角色，為大眾提供了一種表達方式，不只能被聽見，還可以參與討論、審議與協調，而這都是近來人民得以參與專業政治的關鍵一環。」

就讓我們來拆解這一切吧！網路時代已經為我們創造機會，可以策劃與設計自己量身打造的個人儀式，而且我們可以像仰賴任何導師或權威人物一樣，向同儕尋求指引。在這裡有兩個關鍵的概念：拆解與混搭。

拆解，是把有價值的元素從單一產品中分離出來的過程。以報紙為例，五十年前的報紙，會提供分類與個人廣告、投稿信箱、數獨與字謎，當然還有新聞。但到了今天，各種競爭對手在各方面都已經超越了報紙，使得報紙已瀕臨過時。大型分類廣告網站「克雷格列表」（Craigslist）、交友軟體 Tinder、臉書、直播互動遊戲 HQ Trivia 和有線電視新聞提供了更個人化、更深刻的參與度以及更完美的即時性。「報紙」這個概念已經被拆解了，使用者會把他們偏好的服務重新混合在一起，印刷在紙上的新聞急需找到只有它可以提供的新價值。

而我們的精神生活也是如此。五十年前，大多數的美國人會仰賴單一的宗教社群為他們提供連結、帶領修行、把人生中的重要時刻儀式化、產生療癒、連結血緣關係、啟發道德感、安放超然體驗、標記假日、支持家庭的運作、服務有需要的人、致力於正義，還有透過藝術、歌曲、文字和宣講重複一個通俗的故事，以把信徒們連結在一起。

那時候，宗教組織還會進一步提供醫療服務和教育。但是到了今天，這些項目全都被拆解了。部分醫療服務和教育是由國家提供，而對那些負擔得起的人，也有各種私立學校。過去共有的季節性慶祝活動，已經轉換成超級盃（Super Bowl）之類的運動賽事、美國獨立紀念日和感恩節這類舉國歡慶的活動，只有極少的宗教節日遺留下來，其中最有名的就是聖誕節。至於邁入人生新階段的儀式？如果我們有足夠的時間和精力，大多數的時候其實都會跟自己的朋友一起度過。

我們也許會使用冥想應用程式進行內省，比如「Headspace」或「Insight Timer」；在碧昂絲（Beyoncé）的演唱會上與狂喜連結，或是在健行中找到平靜和美好；我們會設定自己上飛輪課的動機，並在感恩日記裡記下感謝的話；我們會透過烹飪表達跟祖先的連繫，在抗議或同志遊行中感覺自己是更大事物的一部分，這些核心的需求——內省、狂喜的體驗、平靜和美好、感覺自己是更大事物的一部分——都已經存在好幾千年了，但是我們創造這些體驗的方式卻會隨著時間過去而改變。正如創新大師、管理大師克雷頓．克里斯汀生（Clayton Christensen）聲稱，宗教組織犯下的錯誤是，他們迷上某種特定的解決方法，而不是讓自己不斷進化以滿足新的需求。

同時，也有越來越多的混合宗教家庭出現。在六〇年代以前，只有百分之二十的已婚夫婦擁有不同的宗教信仰；但根據記者娜歐蜜・薛佛・萊利（Naomi Schaefer Riley）的調查，到了二〇一〇年，比率已經上升到了百分之四十五。哈佛神學院院長大衛・漢普頓（David Hempton）把這個現象稱為「交織」（braiding）；猶太教導師薩爾曼（Reb Zalman）把這個現象稱為「連字符」（hyphenating）；行銷大師鮑伯・穆埃斯塔（Bob Moesta）把它稱為「混搭」（remixing）……無論我們如何稱呼它，也不管有多少宗教組織反對它，它確實正在發生，而且不只是在美國。

人類學家川野五月（Satsuki Kawano）注意到幾十年來日本人如何同時信仰著神道教與佛教，實踐這兩個宗教的儀式和常規，他們不認為自己只能信仰其中一個宗教。她在其著作《現代日本的儀式實踐》（*Ritual Practice in Modern Japan*）中解釋，日本政府曾經試圖將佛教和神道信仰分離，但是日本人的習慣並沒有改變，這兩種宗教仍然緊密交織。儘管幾十年來一直存在著緊張和衝突，卻不曾發生宗教戰爭或是想要消滅彼此的舉動。的確，神道教和佛教的傳統早已互相交融，而且一套整合兩者的神學也已經蓬勃發展。川野表示：「因此，兩者的相互影響已經導致本地信仰和本土化的外國信仰進行複雜的協調流程和整合，卻沒有完全消除兩者傳統儀式之間的區別。」比如說，許多人可能會去神社舉行婚禮或孩子的七五三節[8]，卻會在寺廟中舉行葬禮。

但是當人們透過拆解與混搭傳統而受益，讓傳統更加適合我們的同時，我們卻也發現，彼此分享的東西越來越少。我們因此變得孤立，而且渴望連結。

連結的四個層次

也許你就跟我一樣，從小就沒有宗教背景，或者有些自我認同上的問題。你可能是無神論者、不可知論者、亟欲擺脫傳統束縛者、重視精神但並不信宗教的人、精神生活得不到滿足的人，或單純只是不太確定想要什麼——不論你會用怎樣的言詞來形容自己，你一直都只是在拼拼湊湊你的精神生活，其實很渴望某種更真實、更有意義、更深刻的存在。

本書的目的就是要讓各位明白，你能夠把自己日常的習慣變成「個人儀式」，為你的生活奠定神聖的基礎。我會分享一些針對現代生活而重新規劃的古老儀式或精神，我也會分享一些人的故事，引導我們該如何前進。

「深刻的連結」的重點並不只是和其他人的關係，還包括感受到活著的充實感，以及被在我們之中、之間還有周圍的多層次歸屬感包圍。我想透過這本書邀請各位，在四個層面設計加深連結的「個人儀式」：

- 與自己連結
- 與他人連結
- 與自然連結
- 與宇宙連結

每一層的連結，都會加強另一層的連結，所以當我們在這四個層面上都能感到深刻

❽ 日本的傳統節日，在家中孩子滿三歲（男女童）、五歲（男孩）、七歲（女孩）時去神社參拜，感謝神祇保佑之恩，並祈祝兒童能健康成長。

連結時，就會感覺自己的生命像是被嵌在繁複網格中的其中一格。我們會變得更親切、更寬容。我們得以痊癒，並且成長。

而這當中的每一層，都源自於世界上各處傳統智慧的精華。幾千年來，這些傳統讓社群得以凝聚，幫助人們為失去而哀悼，並為開心而慶祝。世界最偉大的神話幫助我們從混亂與災難中找出道德意義。就算我們對於參與傳統有點不安，它們還是有很多可以傳授給我們的智慧。

當然，自從這些古老傳統建立以來，很多事情已經改變。我們不再需要神話來解釋太陽如何升起和落下、洪水從何而來，以及地下有什麼。相反地，我們產生了新的問題。在一個一週七天、一天二十四小時都充滿壓力的世界中，我們該怎樣才能找到真正的休息？在一個總是逼迫我們「做得更多」的文化裡，我們該怎樣才能知道自己已經做得「夠多」了？我們該如何培養勇氣，好挺身對抗不公義的事情？

在第一章中，我將探討兩個日常個人儀式，能夠幫助我們連結真正的自我：「四提問閱讀法」和從安息日衍生而來的「暫離日」；第二章則提出了兩種能夠讓我們深刻地和他人連結的工具：「一起吃飯」和「一起運動」；第三章會著重探討「朝聖之旅的再定義」和「禮儀日曆」，讓我們與大自然更緊密聯繫；第四章透過拆解「禱告」，並找到同行的夥伴，來探討如何與宇宙連接。最後，第五章提醒我們每個人天生就擁有歸屬感，這一章在於幫助我們想起這件事。

我會寫這本書是因為，雖然世上有很多實用的指南，它們卻通常會與宗教文化綁在一起，難以解讀又讓人胃痛。宗教組織把神祕儀式變成了硬梆梆的教條，他們失去了將永恆的智慧轉化為讓人們理解的輕鬆感。該是時候打開傳統的禮物了，所有人才能過上正直與快樂的生活。每個人都有權策劃和創造能幫助我們建立連結的個人儀式，我也希望在你設計自己的儀式時，本書的內容可以陪伴你。

在這本書中，我將分享自己做為一個靈性初學者的嘗試，我希望其中一些方法可以對你的旅程產生實際幫助。我也希望這本書能幫助我們在精神生活中減少孤立感。孤獨和羞愧，往往是引發壓力連鎖效應的主因。個人儀式的好處，在於它們能培養勇氣，讓我們願意為彼此冒更多險。而最讓我高興的，就是聽到像閱讀社群裡的人們，行動已不只停留在閱讀書頁上這種消息，這意味著我們擁有同樣的核心理念。

意圖、注意和重複

「修行」和「儀式」之類的詞，可能會讓你聯想到昏暗寺廟中的僧侶，或極其困難的瑜伽姿勢（而且也真的就是這些事情！）。但我其實遵循了社運家凱瑟琳．麥克帝格（Kathleen McTigue）的智慧，她會在任何實踐或儀式中，追求三件事：「意圖、注意和重複」。因此，儘管你一天中可能會帶狗出門散步無數次，但剔除重疊的部分後──例如你同時講電話──因為你其實沒有真正把注意力放在你的狗和你走的路，那它就不算是一種儀式，單單只是習慣而已。又或者，你可能每晚睡前都會閱讀，但其實沒有帶著任何特定的意圖。同樣的，這其實也不符合我們所形容的儀式或實踐。

然而，我開始相信幾乎任何事情都可以成為一種「修行」：園藝、繪畫、唱歌、依偎、坐著。這個世界上充滿了儀式！看看克里夫蘭騎士隊在ＮＢＡ籃球賽前總會出現的握手儀式。我們只需要清楚自己的意圖（此刻我們要邀請什麼進入？），讓自己注意它們（回到此刻的存在），並為重複挪出空間（一次又一次地回到這個實踐中）。如此，儀式就能建立無形的連結，讓人生變得有意義及可見。

如果你和我一樣，喜歡嘗試各種不同的流行事物，或在幾次嘗試後就放棄，這些都是絕對沒問題的。如果一段時間過去，你發現有一、兩件事開始形成規律，就表示你找到「儀式」了。

關於「精神」的額外說明

在當今社會，我們很容易避免接觸「精神」。我們試著用無止境地滑社群動態滿足自己對連結的渴望。我個人最喜歡的是 YouTube 這個坑，我經常在一小時後從手機上抬起頭來，不敢相信我在變裝皇后或重溫足球賽的影片上花了多少時間。當我們注意真正具有意義的那些時刻，它們就會讓我們澈底震撼。第一次把嬰兒抱在懷裡，聽會讓我們流淚的歌曲、在水中感覺與周圍所有元素完全合而為一……這些深層連結的力量將會極為強大。這些時刻可以解鎖記憶、渴望、創傷，而且經常會伴隨著一些眼淚。而對我來說，這些是很神聖的時刻——它們是很「精神性」的。但通常我們會任由時間流逝，這些時刻也會跟著消逝。閃閃發光的生命靈光，會漸漸被拋在成堆沒回的電子郵件，還有每天不間斷、辛苦又乏味的工作後面。我們忘記了自己曾經立下的目標：更常出門親近大自然、開始重新創作音樂，花更多時間和我們所愛的人在一起（至少我自己是這樣）。

回想你的生活。上次你感到自己跟某種比你還大的存在深刻連結，那是什麼時候？當時你在哪裡？那是什麼樣的感覺？你又會用怎樣的言語形容那次的經驗？總的來說，我們缺乏對的語言描述對我們而言最重要的那些事物，以及自信地與他人交流那些意義深遠的時刻。正如精神導師、學者和社會行動者芭芭拉·福爾摩斯（Barbara Holmes）所寫的，「在經歷這類時刻所感到的孤立，會讓我們的詮釋變得更私人。」神經科學也向我們證實，當我們無法完全描述自己的感受，往往也會低估感受本身，覺得它是不正常或不值得我們（或其他人）的注意。

可以的話，請盡量跟著我的腳步，就算這些言語會讓你覺得有點不自在。把它們想像成一雙美麗的新皮鞋，在你走路的時候可能還會有點硬，但只需要一點時間，它們就能變得合腳。很快你就會找到對的字眼，或是習慣這些詞語，好幫助你精確定義我們正在談論的感覺。

這種語言挑戰並不是隨機發生的。出於以下原因，它是很棘手的問題。一直以來我們都被教導，要用二分的眼光看世界，神聖或褻瀆、宗教或世俗。我們被告知有一條隱形的界線存在，讓教堂的建築變得神聖、超市則變得世俗。但這條線是被發明出來的。與之相反的，你可以想像在深淺之間有一條水平線，它延伸到每個地方和每個人身上。如果我們能站在習以為常的模糊邊界之上，就能碰觸到在自身經驗中，最能找到深刻意義的部分。也許帶我們到達那個境界的是詩歌、某個不可思議的電影片段，也可能會是幻覺、我們所愛的人的懷裡，或就只是單單看著我們的孩子跑過院子。如果我們能用那樣的方式看世界，任何地方、任何時刻都會變得神聖。一切都取決於我們怎麼看待。收銀臺前的溫暖問候也可以很神聖，而早晨的地鐵已然足夠我們感受人與人的親密感。

那麼「精神」這兩個字，就是針對語言可描述以外的事物的指標。這是一個很容易斷裂的連結。正如神學與性別研究學者馬克．喬丹（Mark Jordan）所說的，精神是一處「不可預知的遭遇或無法控制的照明」之地。

一封邀請函

這本書並不會介紹任何全新的觀念給各位。你們早就會閱讀、吃東西、走路、說話和休息了。你們也不需要再買一套全新的靈性工具。這就是傳統給我們的禮物！我只想邀請你們透過更多層次、更深刻連結的眼光，重新建構早已根深柢固的習慣：帶著意圖去喝茶、找到一群能夠討論感動並啟發你的書籍的夥伴、每天早上沖澡時朗誦一首小詩。不論採取什麼做法，我們都會先從把某件事視為「真實且重要」開始，再繼續深入挖掘，讓它變得有意義。

因為每個人的個性都不同，對你來說，有些方式會比起其他方式更容易進行。比如說，我跟人們相處時，最能感受到生命的神聖性，因此我喜歡跟別人一起唱歌、玩桌遊、一起吃東西。而我的丈夫尚恩則正好相反，他光看我每週排滿的電話、會議和聚餐的行事曆就覺得過敏。他喜歡的連結方式是去親近大自然，或是把寶貴的時光花在獨處。相較之下，我實在很難抽出時間去戶外。我最早意識到自己愛上他的其中一刻，是我們一起去聽交響樂的時候。演奏到一半時我轉過去看他，發現淚水正滑落他的臉頰

——並不是因為他不開心，而是因為他能敞開欣賞音樂的美，感受到它的深度和強度跟自己有所共鳴。我多麼渴望能得到那樣真誠而脆弱的特質！我們每個人都有屬於自己的天賦、人生軌跡與其奧妙之處，所以當你發現能吸引你注意，並讓你打開心胸的事物時，請記得對自己溫柔一點。

我想透過這本書邀請各位，探索我們能在每個做法裡發掘的經驗層次。在進行的過程中，就算你偶爾會感到四處碰壁，也要記得：沒有任何事情能夠阻止你和生命最深刻的連結相遇。不論阻礙的威力有多強大，都無法奪走那樣的連結。沮喪不會、焦慮不會、攻擊或上癮不會、悲傷或嫉妒不會，貧窮或富有也不會。我們每個人都完全有價值、都值得被愛。即使是你。尤其是你。身為人類的共同經驗，就是我們總是忘記這點，這正是為什麼我們要練習。唯有練習能夠幫助我們記得。

所以就算你偶爾會遇到困難，就算覺得掙扎，也不要擔心。我發現身邊如果能有可以自在談論這些話題的朋友或導師，就會讓這一切變得更可行。然而，不管你在精神實踐方面是老手還是新手，無論你迷的是《哈利波特》還是九〇年代的浪漫喜劇，你都早已擁有踏出下一步所需要的一切了。我們這就開始吧！

第一章

與自己連結

第一個層次的連結是和我們自己真正連結的體驗。

我們每天會被上百則廣告訊息和社交媒體的壓力包圍，我們在這個世界前進時總是蜷縮身體、注意力渙散。在上廁所或停下來等紅燈的時候，我們很難克制不去查看手機——我甚至很難不在沖澡時播放 Podcast 來聽！

作家安妮．迪勒（Annie Dillard）說過，「我們怎麼過今天，就怎麼過今生。」但這種緊湊的生活方式是無法長久持續的，這讓我們越來越不安。二〇一六年在《美國醫學會雜誌》（*JAMA*）上發表的一項研究指出，美國每六個成年人當中，至少就有一個人正在服用抗憂鬱、焦慮或是精神疾病的藥物。可以肯定的是，我們所處的文化中充斥著沒完沒了的活動和壓力，是我們越來越大的醫療需求的源頭之一。

那麼我們什麼時候才能夠重新找回自己的時間和幸福呢？我們該怎麼給自己空間，才能夠深刻且誠實地反思自己的行為呢？在本章中，我會跟各位分享兩個被轉化的傳統，幫助我們和自己連結：「四提問閱讀法」和「暫離日」。這兩個做法都是祖先們遺留下來的禮物，讓我們能有意識的把儀式帶進現代生活。正如「混合健身」和其他世俗的儀式，可以在脫離宗教的現代生活中，填補我們對於意義和社群的渴望，「四提問閱讀法」和「暫離日」是你或許已經在進行的行動，它帶給你快樂、使命感、沉思的空間，還有與真實自我的聯繫感。關鍵在於這些日常儀式是通往更大轉變的一部分，從而達到給予「精神性」全新定義的目標。

當然，「單一、真實的自我」的概念是值得商榷的。事實上，佛教會告訴我們，其實根本就沒有自我的存在。而另一方面，心理學則說，我們有很多自我可以領會！我所謂的和「真實自我」的連結，不是去除自己身上不喜歡的部分，或是只專注在看起來比較有靈性的部分，而比較像是整合完整、真正的自己。教育家帕克·巴默爾（Parker Palmer）稱之為「重新連結我們的靈魂和角色」，因為大多數人在靈魂和角色分離的狀態下，會失去覺察，並且感到痛苦。

我吃足苦頭才學會這個教訓。二十二歲那年，我才剛從大學畢業三個月，在倫敦開始我的第一份工作時，就不小心從碼頭的長堤跌落，摔斷了兩條小腿、一邊手腕，就連脊椎也斷成兩截。我在醫院裡住了好幾個星期，後來又在輪椅上坐了三個月，原本忙碌又排滿活動的生活全被剝奪了，就連年輕又專業的人設也毀了（我喜歡想像自己是安·海瑟薇〔Anne Hathaway〕的角色，因為她總是可以完美地達成任務，還在執行過程中看起來帥呆了。讓人根本忘了在電影《穿著 Prada 的惡魔》（*The Devil Wears Prada*）裡面，大約有三分之二的時間，她都只是第二行政助理）。但在我摔傷之後，別說忙著應付各種會議、電話和電子郵件了，我每天最主要的活動就只是走到浴室，或是讓我爸和我姐把我背上樓。再後來，等我開始更熟悉輪椅上的行動時，卻反而開始不斷意識到，周圍的環境根本是為了行走自如的人們設計的。前進任何一小步或人行道上的一點顛簸，在在都在挑戰我還不熟練的輪椅技巧。曾經我是在社交場合掌控全局的那個人，現在我卻得依靠其他人的照顧。

像這樣的角色危機，往往會出現在盛極而衰的時候——當退休奪走了我們的職位權力和影響力，或是當我們的孩子離家，我們不再扮演顯而易見的父母角色時，或是當我們的健康或體力有所變化時，如果沒了那些一直以來賦予我們意義的角色，那我們又是誰呢？

如果我們夠幸運，這些變化可以幫助我們和自己的內在重新連結，即覺察另一個在背後的自我。作家瑪莉蓮・羅賓遜（Marilynne Robinson）這麼形容：「經典的靈魂比我們自己還更像自己，是一個充滿愛且備受喜愛的伴侶，只對我們忠誠，它將自己交付給我們，而我們也是。我們可以感受到它的渴望、沉思，比起我們普通的意識，它帶給我們的是更真實也更原始的經驗。」我喜歡這種「完全忠誠」的概念，因為它抓住了我們真實自我內在固有的美德、深藏在我們內心深處的同情和友誼。但當我們與內在脫節時，就會陷入追求表現和成就的循環，試圖取悅他人的期望，並迎合一切我們感受到的別人的要求。

傳統智慧告訴我們，其實有辦法擺脫這種混亂狀態：練習自我覺察，與自己的靈魂友好相處。

在我摔傷後幾個月的恢復期裡，我母親邀請她的一個朋友，在每星期三早上過來和我一起畫畫。不像我的姐妹們，我並沒有藝術方面的天份，所以我很猶豫，因為沒有什麼比在眾人面前失敗更讓我沮喪的了！我的大腦告訴我，我應該要樣樣都出色，那麼為什麼要因為嘗試畫畫而讓自己丟臉呢？在漫長而安靜的臥床日子裡，我看了好幾集的《舞動奇蹟》（*Strictly Come Dancing*，一檔真人秀舞蹈節目），因此我的畫畫老師邀請我畫出舞者每週跳的舞步。我試著捕捉華爾茲、鬥牛舞和倫巴的畫面，用一筆一畫表現出我因緩慢康復而產生的挫折感，以及傳遞能夠重新走路和跳舞的希望。這種做法在不知不覺中成了我的避難所。如同受傷和生病的人會尋求教堂的慰藉，當我拿起畫筆時，廚房的餐桌成了療癒的場所，讓我可以面對並梳理那場意外留給我的各種沉重情緒。有時候我們會需要強制拔下插頭、讓自己暫時獨處，才能覺察自己正處於低落的狀態。偉大的日本禪師澤木興道（Kodo Sawaki）形容自己的冥想體驗是「讓自我成為自我的自我」，其概念在於我們需要時間和注意力來整合自己的經驗、思想和身份，以成為自己。

把畫畫這類普遍、世俗的活動，視為一種強烈的、與自己內在連結的方式，這樣的體驗使我意識到，還有其他渺小、看似微不足道的儀式和習慣，也能發揮同樣的作用。那次摔傷康復後的好幾年，透過哈佛神學院的學習與澈底投入《我們如何聚在一起》的研究中，訪談者最常提及的做法是跑步和冥想。但對大多數訪談者而言，最容易辦到也最有效的兩項：神聖閱讀、安息日，特別吸引了我們的注意。

《哈利波特》是神聖的文字

水蠟樹街四號的德思禮夫婦總是得意的說他們是最正常不過的人家，託福託福。

這就是J．K．羅琳（J. K. Rowling）《哈利波特》（*Harry Potter*）系列第一集的開場。數百萬計的的讀者光憑印象就能引述這個句子，它帶點幽默地設定了片中的場景，並暗示有些**不尋常**的事情即將要發生。

打從十幾歲起，我就起勁地讀完了所有《哈利波特》的系列著作。十三歲那年，班上從巴黎來的交換學生推薦我這套書，他送給我一整套法文《哈利波特》，試著讀了幾頁之後，我發現最好還是讀英文版的，因此立刻就衝到圖書館去。我一讀到這些書，就立刻愛上它們了。

也許你也曾有過類似的經驗，想想一本你很喜歡的書：感覺就像是掉進它的世界裡，你熟知裡面的每個人物跟每個場景——即使這些都只是在你腦中的想像（在餐桌上閱讀的時候，通常會更提醒我自己是否正在幻想，因為書頁會沾上食物，或書角會印上我油油的指紋）。更重要的是，我相信你會了解那種感覺，還沒讀的章節越來越少時，會開始想慢下來，不希望那本書結束。當我們的眼睛掃過完結的段落時，會感覺到一陣失落，渴望可以持續下去，拒絕跟我們正在閱讀的故事說再見——感覺更像是跟我們自己身上的某個部分說再見。

這種感覺提醒了我們一件重要的事情，它在暗示，閱讀並不只是我們可以用來逃避世界的方法，還可以幫助我們更深刻的在閱讀裡「活著」。我們可以閱讀自己最喜歡的書，不只是把它當成小說，還可以做為具有建設性和啟發性的文字，教導我們認識自己，以及該如何生活。

之所以把一本書視為「經典」，並不是因為我們相信書裡的故事情節解釋了宇宙的全部奧祕，而是因為它可以幫助我們變得更親切、更富有同情心，還能幫助我們變得好奇、有同理心，也可以像一面鏡子，反映出每個行動背後的動機。這就是把閱讀書籍做為「個人儀式」的力量：它可以幫助我們知道自己是誰，決定我們想成為怎樣的人。

《哈利波特》對我來說是人生經典的特別存在（我很快就會針對這點做更多說明），但是你們可以選擇任何一本文學小說、詩集或甚至是非虛構的作品。我們會在本章中探討**如何**閱讀經典的方法論，這個方法會提供你們無數新的觀點、見解、反思自己和生活問題的機會。一開始可能會感到有點陌生，但請相信我，幾千年來，神聖閱讀為許多讀者種下了連結，時至今日，也加深了我的覺察。

神聖閱讀的藝術

一提起經典，我們經常會想起《聖經》、《古蘭經》、《妥拉》（*the Torah*）、《摩爾門經》（*the Book of Mormon*）或是《薄伽梵歌》（*Bhagavad Gita*）。我們知道這些文字充滿了故事、詩篇，還有誡令。有些故事會讓人有所共鳴，但大多數的傳統宗教文本卻讓我們感到疑慮，因為文本裡的教條有些被用來邊緣化及汙衊某些族群：保羅要求女性在聚會中得安靜不語；《希伯來聖經》（*Hebrew Bible*）縱容奴隸制度的存在；《古蘭經》要求同性之愛必須接受懲罰……這都還只是一部分而已。儘管在宗教經典中一直都存在一些問題，人們還是會持續閱讀與研究它們，因為人們相信閱讀這些作品可能會讓我們更虔誠、更正直、更能愛人，因此幾千年來，好幾個世代的人都深信，我們需要關注這些文字，並且透過閱讀這些文字，我們可以進入一段人類與經典的持續性對話中，這已經持續了好幾世紀。在其著作《未來在等待的教育》（*To Know as We Are Known*）中，帕克．巴默爾（Parker J. Palmer）說明了為什麼他會一直重複閱讀這些宗教經典，儘管它們存在跟靈性傳統有關的問題，而在這些傳統中，好幾代的人們一直在尋求找到智慧的方法：「這些經典讓我得以參考比我所想更深刻的靈性見解，可以重新收集文化所掩蓋的真相，可以有同伴一起踏上靈性的旅程。這些同伴雖然已經逝去許久，在精神上卻可能比許多現在跟我在一起的人更有生氣。在這樣的研讀中，我的思想和心靈會被堅實的傳統重新打造，足以對抗我在現代所經歷的任何扭曲。」

我喜歡這個見解的原因，是因為他將傳統的經典做為堡壘，來推翻當代對於我們是誰、什麼才是最重要的預設答案。每當有人引用《聖經》文字來反對我的性向時，感覺真的很難受。這是我無法否認的事實，但這同時也會提醒我，我們當下認為的對錯是會改變的。有一天我們不會以賺多少錢或是擁有怎樣的頭銜來論斷彼此，這是完全有可能的，比如說，《聖經》故事裡關於待客之道的故事，教導我們歷史絕對不只是單向的前進。巴默爾向我們指出經典的價值，在於它們可以與我們對話，可以拓展我們的參考點，迫使我們用心去思考生活其中的文化。

如果是沒辦法適應某個宗教框架，或是面對《聖經》這樣的文本不知道從何開始，或甚至是不相信任何宗教經典的人，又該怎麼辦呢？如果你也是這樣的人，我希望你能加入我的行列，選擇一段屬於你自己的文字，把它視為神聖的文本——那可能是你一直深愛的一段文字，你已一再一再地重讀它。我們都可以從神聖閱讀這樣古老的做法而獲益。利用神聖閱讀，我們可以善用先行者的智慧，並且在旅途中找到同伴。想像這些文字上的祖先們，沿著路徑行走與播種，而現在走上這條路的我們能夠享受結出的果實。而說不定，也許透過今天你的實踐，你也能為其他人播下種子，讓未來的人們也可以享受果實。

那麼一段文字是如何被定義為神聖的呢？傳統宗教中，一直是由宗教領袖決定哪些文字是神聖的、哪些不能算是，這也是有些基本教義派信徒會相信自己信奉的經典絕對沒有錯誤、譴責所有恐龍曾存在的說法的部分原因。有許多基督徒認為耶穌的人生是上帝話語的體現，所以不只他說的話是神聖的文字，就連他的行為也是。就我的經驗來看，有許多宗教人士都認為，神聖的文字應該是那些受到神聖力量啟發的文字——作者未必有神力，而是文字經過某些更高階的管道流通，或是在更高的意識狀態書寫下來。

然而我必須大膽的反駁：其實無關作者或是啟發，這些定義其實都不足以構成神聖的文字。正如我的導師，哈佛神學院教授史蒂芬妮．保瑟（Stephanie Paulsell）所說的，「**只要有一群人說一段文字是神聖的，那它就是神聖的。**」就是這麼簡單。如果有一群人會每年反覆閱讀同一段文字，透過提出問題與這段文字角力、掙扎，並感到快樂——這就是所謂「神聖的文字」。這段文字會變得有衍生性，以文字、音樂、活動、電影與故事的形式創造新的意義。當有一群人已經這樣做了，代表我們被允許可以同樣方式將意義灌輸到任何一段我們有感的文字。

重要的是，它可以幫助我們重新思考對於生命中「神聖的、啟發的，以及重要的事物」的看法。在日常語言當中，我們會把「神聖」這個字視為一種形容詞，等同於「聖潔」，這個字形容的是某種靜態、或許還有點陳舊的事物，並不在我們的日常生活體驗當中。但其實更好了解這個字的方式是把它當作動詞看待——是某種我們會**做**的行為。「神聖」（sacred）這個字本身起源自拉丁文的「sacrare」，意思是「奉為神聖或奉獻」。而要做到奉為神聖，就意味著要宣布或是**做出**某件神聖的事情，所以神聖的特質其實是在於「實踐」，也就意味著我們有極大的力量，可以靠自己讓「神聖」發生。

如果這個解釋讓你覺得有點牽強，那是因為我們仍然活在偉大的法國社會學家艾彌爾・涂爾幹（Émile Durkheim）的影響力之下，是他區分了神聖和世俗。你可能對這個名字不熟悉，但這樣的集體信念聽起來卻很熟悉：有些經驗被視為宗教性，其他經驗則屬於世俗的。但我想問各位，這與你們的經驗符合嗎？我知道在我人生中某些最溫柔、最親密、甚至最神聖的時刻，根本跟宗教一點關係也沒有：是第一次把我的姪女抱在懷中、是十一歲那年走過一片森林、是從重大的手術中醒來（或許是因為嗎啡的緣故）。我們的生活經驗往往證實了我們所經歷的自我超越與最深刻的意義，往往會出現在最「世俗」的時刻裡，而且一點也不「宗教」（弔詭的是，宗教能給我們的充其量也是同一件事——但這點我們之後再談）。

然而即使我們擁有定義神聖的能力，並不代表我們愛看的每本書就會立刻變成經典。絕對不止於此。

創立《哈利波特與神聖的文本》

我第一次見到凡妮莎・佐爾坦（Vanessa Zoltan）是在哈佛神學院。就跟我一樣，她也不太像神學院候選人。雖然在猶太教家庭長大，她卻是個不折不扣的無神論者。畢竟她從小是被「上帝死於奧斯威辛」的觀念養大的——因為她的祖父母跟外祖父母四人都是納粹大屠殺的倖存者，不難想像。

凡妮莎的神祕感讓我很感興趣。在我生日那天，那時我們才剛認識幾天，她寄給我一封主旨是「生日快樂，全新的朋友！」的電子郵件。我們開始會約喝咖啡，有一天她邀請我去參加她固定在星期二晚上舉行的讀書會，她是主持人，內容是把《簡愛》（*Jane Eyre*）當作神聖的文本閱讀。我根本不知道那是什麼意思，但是我相信自己的直覺，就答應參加。我從圖書館借了一本夏綠蒂・勃朗特（Charlotte Brontë，《簡愛》的作者）的經典作品集，先讀過指定的章節，然後在一個新英格蘭的秋天夜晚與她見面。

當天發生的事情既令人困惑卻又啟發人心。我們和另外四位女性一起，坐在一起長達一個半小時，只談論了一個章節。那並不是讀書會式的討論，我們不是在討論對於情節的想法，或是發生某事的原因是不是因為羅徹斯特先生在前一章說了某些話。

不，我們問的問題其實比較像是，我們可以從痛苦當中學到什麼呢？我們要如何才能更好地理解精神疾病呢？這個文本傳達的意涵，我們可以在生活當中如何落實呢？我實在無法停止去思考這些問題。

寒假就要來了，波士頓的冬天既冷又黑暗，還讓人有點沮喪，所以我想找到某些事情，可以幫助我打散聖誕節後的憂鬱，某些感覺像是盛大的冒險，但仍然讓我可以坐在沙發上吃點心的事情。凡妮莎和我都修了一堂關於史詩旅程和追尋任務的課，而她的神聖閱讀團體也啟發了我。我心想，或許我們能透過某部系列電影，開啟我們創造意義的旅程。而如果真要這麼做的話，還有什麼電影會比神奇的《哈利波特》還更適合呢？

就這樣，一月第一週的每一天，凡妮莎和我聚集了一群朋友一起重看這些電影，就好像它們是一部巨大的史詩故事——此外我們還想到另一個點子。要是我們坐下來跟其他人聊聊，就像她那個討論《簡愛》的團體一樣，把《哈利波特》當作神聖的文本閱讀，會發生什麼事呢？

於是我們就這麼做了。我們承諾彼此坐下來、逐章閱讀這些書，問問這些文字打算教導我們如何生活。我們會運用從古代流傳下來的精神實踐，比如猶太教詮釋《聖經》的方法「派德斯」（PaRDeS）和中世紀修士閱讀《聖經》的做法「選集」（Florilegia）那樣深入挖掘文本情節，找出巫師世界裡意料之外的智慧。我拜託姊姊幫我設計海報，凡妮莎則詢問她的公司，能否使用他們的會議空間。我們寄了電子郵件，也邀請了朋友，但根本不知道會不會有人來。第一天晚上，我們放了二十張椅子，希望會有一些好奇的人出現。結果來了六十七個人，當時我們真是激動到不行！

當團體成員固定下來，我們建立了一小群會眾，這些人將成為朋友、去醫院探視彼此，甚至愛上彼此，我們開始好奇是否有其他人想加入我們的冒險旅程。二〇一六年五月，我們推出《哈利波特與神聖的文本》的 Podcast 節目，同月我結婚了。藉著帶小餅乾和巧克力給校內行政人員的機會，我們一路潛進大學的錄音室，然後在麥克風前坐了下來。我倆都沒有廣播經驗，因此得大力感謝我們的神學院同學阿麗亞娜·內德曼的製作，讓我們聽起來相當有說服力。即使到了今天，我們在錄音室裡聊的內容，至少有三分之一都要被剪掉。

節目的結構很簡單，每週我們都會主題式閱讀某個章節。比如說，我們最一開始以

「承諾」為主題閱讀第一章「活下來的男孩」，而其他主題則包含了原諒、創傷、喜悅與愛。每一集中我們都會分享一個自己生活中能跟該主題呼應的故事，帶領我們的聽眾簡短回顧這一章中發生的情節，接著就會進入古老的做法，幫助我們更深入挖掘文本，也是真正發生魔法的地方。

多虧了那些不可思議的聽眾，如今《哈利波特與神聖的文本》已經是屢獲殊榮的 Podcast，下載量超過兩千兩百萬次，每週定期有七萬人收聽。每一年我們都會舉辦聽眾見面會巡迴，聽粉絲與我們分享，神聖閱讀的做法帶給他們的意義。在極度焦慮或是孤單的時刻，人們會轉向書本和 Podcast 尋求慰藉。神聖閱讀可以幫助人們度過至親的死亡，或是分手的痛苦。老師們會改編這套做法，讓它們適用於課堂，幫助學生們對課本進行更多的反思。我們一次又一次的了解到，這些做法可以幫助人們和最重要的事物建立連結。

這個 Podcast 之所以會大受歡迎，或許我們不應該感到驚訝。全世界早已有數百萬位讀者用自己的方式把《哈利波特》系列小說視為經典。治療師和諮商師也表示，許多年輕人在他們感到掙扎還有痛苦的時候，會把霍格華茲當作一個心理安全基地，而且它並不僅僅是一個遠離世界的避難所。

成立於二〇〇五年的「哈利波特聯盟」（Harry Potter Alliance，HPA），他們會利用書中的敘述與儀式來設計對內活動和對外行動。他們已經在全國各地動員了上千人在婚姻平權、公平貿易巧克力，還有其他議題上挺身而出。正如有些社會運動者會重新詮釋《聖經》的內容，例如〈出埃及記〉的故事來定義社會運動，「哈利波特聯盟」也會參考巫師世界的角色和情節，來激勵讀者採取行動。

閱讀讓我們找回自己

用這樣的角度閱讀《哈利波特》，對我和數以千計《哈利波特與神聖的文本》的聽眾來說都是一大變革，因為這幫助我們找到完整的自己。閱讀能讓我們在角色身上看到自己，也會挑戰我們的世界觀。

據說閱讀也有助於讓人們變得有同理心。多倫多大學的認知心理學家凱斯．歐特雷（Keith Oatley），二〇〇六年因這個研究登上頭條新聞：研究顯示閱讀他人的故事，能夠改善理解並與他人合作的能力，最終能夠理解我們自己。其他研究也提出了類似的論點：同理心不是源於他人，而是來自自己。二〇一七年的一項德國研究，受試者被教導要辨識不同的次要人格，像是自己「開心的聲音」或「內心的批評家」。透過學會檢視自己的各種思考模式，我們會變得更懂得推論其他人的心理狀態，變得更有同理心。

透過閱讀的自我發現，往往具有啟發性且感到釋放，但未必會讓人開心。它讓我們往內在探索，有時候會非常痛苦。當讀到某些角色經歷了與你相似的經驗時，我們可能會面臨創傷和痛苦，也可能被迫要處理之前沒有解決的問題。凡妮莎和我已經很習慣收到聽眾寄來的電子郵件，表示我們在節目上進行的深刻閱讀勾起了他們還沒被處理的創傷，比如性侵案中的倖存者。在小說的一開始，我們知道哈利的父母在一場可怕的謀殺中雙雙遭到殺害，他當時雖然只是個嬰兒，卻莫名地活了下來。有一位聽眾對我們的神聖閱讀特別有共鳴，她分享了自己的創傷故事，這個故事影響了她的人生。當她還是嬰兒的時候，她的父親在拉丁美洲的一場恐怖攻擊中喪生。她的信是這樣寫的：

從小就知道惡魔對你做了什麼、某個陌生人的仇恨又對你造成了什麼影響，是很奇怪的感覺，而在成長過程中一直想念某個你從來沒見過的人更是奇怪。哈利對莉莉和詹姆（哈利波特的父母親）不朽的愛，讓我確信即使我從來沒有見過他，仍然可以如此想念我的父親；我也可以為了失去而哀悼，即使事件發生時我根本只是個嬰兒。而我因為這件事備感掙扎，甚至還有創傷後壓力症候群（PTSD）的症狀，也是沒關係的，即使事發後已經過了二十二年，我也從來不曾見過他。

我感覺跟哈利之間有某種奇妙的連結，因為我們的失去本質上非常相近，而你們邀請大家要認真看待那樣的連結，對我來說一直很療癒，也很撫慰我。這也讓我能用截然不同的角度看待哈利的悲傷。在這個世界上，有許多他從來沒見過的人了解這麼多關於他父母的事情，並且清楚的記得他們，而他卻只能靠著他們的敘述來想像，對他來說這一定很困難。當我發現我父親說過的某些話、做過的某些事完全違背我一直以來所相信的時，我忍不住想起哈利看到詹姆霸凌石內卜的心情。「詹姆．波特並不完美」這件事讓人覺得很欣慰，因此我也可以對自己承認，我父親其實也不完美。這加深了我跟這個故事還有這個角色的連結，當我以為自己知道的一切都正在瓦解的時候，我非常感謝還有這個能夠牢牢抓住。

這封信充分說明了「找回自己」是為了提醒我們：基本上我們都是沒問題的，即使沒有辦法完全理解它，我們的經驗仍然是真實的。當周遭的世界不斷變化時，神聖的閱讀可以幫助我們找到穩固的基石。

相反地，有時候聽眾會告訴我們，神聖的閱讀幫助他們變成不同的人。透過深刻反思自己是誰，他們已經找到了自己想成為的目標。看看以下這則，這是一位在海外服役多年的聽眾。他提到的場景是金妮·衛斯理提醒哈利說，她之前被佛地魔挾持的心情，而哈利能忘記這件事，顯示他其實有多麼幸運：

我一直以為能晉升到現在的階級是因為我自己的努力、企圖心還有勇氣，但是當我仔細思考這一段文字的時候，我才領悟到自己其實很懶惰也很懦弱。一旦我開始真正看到其他人，也看到我自己，我才領悟到，身為一個在穩定家庭中長大的中產階級白人，我所擁有的資源早已超過我的努力、企圖心還有勇氣。我的同學一路努力才升上空軍學院的聯隊指揮官，並進入 F-15C 鷹式戰鬥機的座艙，他付出的努力比我多得多。而我那從霍華德大學畢業的飛行指揮官，在他太太得到博士學位的同時，升上了軍官，還撫養兩個小孩，他為此付出的努力也比我還要多。那個出身田納西州偏遠地區的年輕空軍士兵，原本學的是電腦程式，卻決定加入空軍，改變了人生走向，他付出的也比我還要多。我開始意識到一直以來我都太盲目了。就在那時，你們的那一集打動了我。

……當我聽到一行對白寫著：「你真是太幸運了。」我終於決定我必須寫信給你們。幾年前我讀這一段時單單只是看過去，完全沒想到凡妮莎賦予它的更深的意義。我總是說我根本不覺得有顏色之分，而且我深信不疑。一些跟我非常親近的人多次對我指出，如果我看見受壓迫或弱勢群體時，無法想像他們為了達到目標，必須跨越哪些困難，那我其實根本就沒有看見他們……整整四十年來，我一直覺得是靠自己的努力達到現在的地位，覺得我比其他人更值得擁有現在的一切，任何沒能達到我所定義的成功的人，都是因為他們自己的缺陷才導致失敗。我錯了……因為我擁有的資源，讓我根本就不用考慮這些問題，我真是太幸運了。

閱讀是一條通往更深覺察的路，也包括勇氣與承諾，並能幫助我們看見自己的錯誤，找到更好的前進方向。

其中一次跟德思禮太太佩妮有關的閱讀經驗，在我們的聽眾之間引發了特別熱烈的討論。相信我，大部分的人應該都不喜歡她。當凡妮莎和我重讀第一章的時候，我們看到了一個年輕女性，當媽媽之後沒有後援，還要面對她的妹妹意外去世，突然又有第二個孩子得照顧。沒有任何解釋，把這個孩子硬丟給她的那個世界一直讓她既嫉妒又害怕，那個只會帶來危險的魔法社會讓她感到脆弱。無庸置疑，佩妮一直在虐待哈利，在他生命中最重要的那幾年，她始終忽視他的存在。但這次神聖的閱讀卻證明了，當我們冒險去探索經典的字字句句時，關於善與惡的分野幾乎總是更模糊。這不只給了我新的視角去了解一個角色，也讓我意識到，我一直讓兩極分化的新聞敘述建構出過分單純的非黑即白價值觀。長久以來我一直在批判德思禮太太，然而在批判背後卻還有很多事情可以討論。這就是為什麼，神聖的閱讀可以是和我們自己相連的精神實踐：因為它會讓我們往自己的內心探索。神聖的閱讀不會讓你變得更受歡迎，但一定會幫助你更接近真相。

深化與自我的連結

閱讀可以幫助我們把經驗當中不同的部分整合成完整的自我。在這個過程當中，閱讀的方式就會變得非常重要。我們可以為了娛樂和逃避現實而閱讀，這其實很好（有時候是必要的），但是我們也可以探索得更深一點。再強調一次，解構宗教儀式可以是一個有用的工具，為我們的日常活動注入意義。「聖言心禱」（Lectio divina，字面上的意思就是「神聖的閱讀」）就是這樣的儀式。

十二世紀時，隱修院院長紀果二世（Guigo II）寫了一本小書（其實比較接近小冊子）《修士的階梯》（*The Ladder of Monks*）。在這本書中，他具體描述進行聖言心禱的方法，談及如何以四個步驟閱讀文本，如同在階梯上一路往上、越來越靠近天堂。他表示，那些「愛神的人」還可能會爬上更高的雲層，發現自己置身在眾多「天上的祕密」中。他想像天使們會帶著熾熱的心願，回來重新點燃我們對善良的渴望。

紀果教導他的學生不必閱讀《聖經》的整個章節，只需選擇一小段文字來咀嚼。他會問：「你們知道一顆小葡萄能榨出多少汁？從一絲火花中能點燃了多麼大的火？這一小塊金屬是如何在冥想的鐵砧上延伸的嗎？」事實上，甚至不需要讀完一句話！文字是澆灌靈魂的甜美汁液，只需一個片段就能療癒疲憊的心靈。一個世紀前，坎特伯雷大主教聖安塞姆（Saint Anselm）曾建議他富有的贊助人卡諾莎的瑪蒂爾達伯爵夫人（Matilda of Tuscany），如果她要閱讀神聖的文字，做法不是把它讀完，而是只讀能激發她想要祈禱的那些文字。中世紀學者鄧肯・羅伯遜（Duncan Robertson）也解釋說，「當讀者抬起他的視線離開書頁，並積極參與當下對話的那一刻，才算是實踐閱讀。」隱修士們也不會只閱讀一本書一次——不管怎麼說，珍貴的書卷實在太少了！閱讀，而且是大聲朗讀，正是隱修士研讀文字的方式，帶領他們一步一步更上一階。文字本身就像是通往沉思與冥想的入口，也是一段通往進入神之心靈的神聖路徑。如果你發現自己也會重讀一本你最愛的書，這對你來說或許會很有共鳴，或者有些段落會激發你的某些想法，讓你從書頁抬起頭，品嚐那樣的甜蜜或美好。

在他的小冊子中，紀果推進了幾個世紀以來的神聖閱讀指引，並把他的導引簡化成四個階梯。他把這四階命名為誦讀（reading）、默想（meditating）、口禱（praying）及默觀（contemplating）。凡妮莎和我則把它運用到《哈利波特與神聖的文本》裡，把這四個階段轉化成四組問題：

1. 在這段敘述中實際上發生了什麼事？我們在故事中處於什麼位置？
2. 這段文字讓你聯想到什麼影像、故事、歌曲或是隱喻？
3. 這段文字讓你連結到自己生活中的哪些經歷？
4. 你受到啟發所採取的行動是什麼？

對與紀果同時代的聖蒂耶里的威廉（William of St-Thierry）來說，單純只是閱讀一段文字和努力建構意義之間的差別「是巨大的鴻溝……如同多年友誼和萍水相逢、摯友的陪伴和偶然的相遇之間的區別。」這也是「為了消遣而閱讀」和「為了提升自我智識而閱讀」之間的差別。

如果你感到懷疑，我可以理解，但請容我分享我自己如何用這四個提問閱讀《哈利波特》的開場。我們可以一起看看，這種方法如何深入到底下挖掘，提供我們自我探索的機會。看看以下這個句子。（我建議你們在回答每題時，大聲念出這句話。這會幫助你每次讀它的時候，都像是第一次讀到一樣新。）

水蠟樹街四號的德思禮夫婦總是得意的說他們是最正常不過的人家，託福託福。

一、在這段敘述中實際上發生了什麼事？我們處於什麼位置？

即使是對魔法世界完全陌生的人也可以加入我們。我們所知道的其實不會比這些開場白多！很顯然，我們遇到了一對夫妻（德思禮夫婦）而他們住在水蠟樹街四號的房子裡。他們迫切希望被視為普通人，而且有一種直率的自傲感，立即讓我們警覺起來。

第一步通常是最簡單的，也是我們大部分日常閱讀進行的層次。你知道發生了什麼事嗎？太好了，是時候進入下一句話了。這只是我們神聖閱讀之旅的開始而已，是紀果的階梯上最低的一階。現在我們要更深入一點。再大聲朗讀這句話一次，並問自己——

二、這段文字讓你聯想到什麼影像、故事、歌曲或是隱喻？

水蠟樹街四號的德思禮夫婦總是得意的說他們是最正常不過的人家，託福託福。

我腦中立刻閃過一連串的訊息。「水蠟樹」（Privet）這個字聽起來有點像「私人的」（private）——所以含有躲避公眾視線的元素。水蠟樹也是一種常用於形成樹籬的灌木，暗示了在德思禮一家和我們讀者之間的另一層屏障。但這個字也讓我想起了俄語的「你好」（privet），所以也許他們對於來自莫斯科的客人，比較有跨越界限的意願？（在梯子的第二階上，並不是所有事物都有另一層意義。）

而「四」這個數字也很值得探討。一個正方形有四個邊，德思禮一家顯然是方形人。樂譜中最常見的節拍是四四拍，再次暗示了正常。做為神學院的畢業生，我不禁聯想到佛教四聖諦（Four Noble Truths）的核心教義，所以我聯想到了苦難的必然性，還有通往頓悟之道是透過不執著。同樣的，我想到了《啟示錄》中的天啟四騎士、四福音書、四季、撲克牌的四種花色，還有披頭四（The Beatles）、「四隻小鳥歌唱」（〈聖誕節的十二天〉歌詞）、在電腦密碼中，人們通常會用數字「4」取代字母「A」……這個清單是列不完的。

如你所見，在第二階段唯一的限制就是你的想像力。你可以說，「感激不盡」這句話會讓你想到「貓王」，或是「驕傲」（proud）聽起來有點像「裹屍布」（shroud），這或許是某種隱祕的隱喻，暗指死亡正在逼近，尤其在聯想到墮落前的傲慢時。

紀果告訴我們，第一階段就像是把食物放入口中，而第二階段就像是在咀嚼食物，把它分解成許多小塊。我們的思緒已經打開，而且會突然開始使用遠超出文本的圖像和文字。我們會以新的聯想連接意想不到的點和層次。在這個階段，我們會對一堆想法感到興奮——接下來我們需要讓它更深入地產生共鳴、尋求靈性上的意義。在第三個問題中，我們會明確地把文本連結到自己的生活。正如紀果的教導，我們開始品嚐自己選擇的這個段落，問自己——

三、這段文字讓你連結到自己的哪些經歷？

水蠟樹街四號的德思禮夫婦總是得意的說他們是最正常不過的人家，託福託福。

這次閱讀讓我印象深刻的第一件事是：德思禮夫婦是一對夫妻。我的丈夫尚恩和我已經結婚好幾年了，就像我所認識的大多數夫妻一樣，我們也會有一些用來稱呼彼此、愚蠢的祕密暱稱。德思禮夫婦當然也會有這些暱稱。儘管他們因彼此而感到沮喪，但他們還是一個團隊。他們正在撫養他們襁褓中的兒子，在一個並不總是善待他們的世界裡，盡自己所能的付出。

而我有點好奇，在這個句子當中是誰在說話？是這個人在代表這對夫妻發言，還是其中一個人在未經同意的情況下佔了主導地位？有時候我會代表我丈夫和自己，寫卡片給一個尚恩幾乎不認識的人，又或者我會武斷地替他買下他可能沒那麼喜歡的樂團演唱會票。那麼，為自己的正常感到驕傲的，真的是德思禮「夫婦」嗎？或許這兩者之間的區別，比起我們一開始以為的更大。一對夫婦在喜結連理後，才發現兩人之間有著一些意想不到的差異，這其實也不罕見。

你看，我們已經更了解角色，也開始面對一些關於自己不那麼迷人的真相。透過把我們自己的經驗融入故事當中，我們會更深刻地了解德思禮一家。但到目前為止，我們仍然是在把自己的想法和反思帶到文本中。我們還沒完成自己登上階梯的旅程。現在，來到第四個階段，我們會邀請文本對我們說話。紀果把這個階段形容為請求神回應我們的禱告，但凡妮莎和我更喜歡簡單地想像：文本想要對我們說什麼話。

事先警告：這可能會讓人不舒服。我們已經發現，神聖的閱讀未必會讓人開心。它可能會帶出困難和痛苦，即使只是因為用神聖的眼光閱讀某些文字，意味著我們必須擁有願意被改變的心。如果我們的內心、想像力，還有價值觀，並沒有因為進行神聖的閱讀而被擴展，那我們其實就不算是用神聖的方式在閱讀。所以，我們來到了梯子的最後一階——

四、你受到啟發所採取的行動是什麼？

水蠟樹街四號的德思禮夫婦總是得意的說他們是最正常不過的人家，託福託福。

有時候經典要求我們採取的行動會改變我們的一生。也許我們會放下過去的傷痛，或是願意承擔起新的責任。有一位Podcast的聽眾告訴我們，考慮好幾年之後，她終於決定要領養小孩，那是出於衛斯理一家對哈利波特的熱烈歡迎，帶給她的反思。而其他時候，我們被啟發而採取的行動很簡單，也很有趣。在寫這一段的時候，我跟我丈夫離得很遠，卻突然想他想得不得了，所以在這一刻，我內心的呼召是要用我為他取的其中一個暱稱傳簡訊給他，讓他知道我很想他，也很愛他。文本和我們被啟發要採取的行動之間的連結，並不需要合乎邏輯。有時候，文本的引導可以幫助我們活得更有勇氣、更有愛、也更完整，這實在是件令人愉快卻難以解釋的事情。

將這個簡短的反思練習應用於這些年來我讀過的各種書，發掘了無數的想法和感受，幫助我更深入地了解自己。這些見解往往不總是新的，但我早已經不記得了。神聖閱讀的練習讓我找回它們，就像一隻在我不注意的時候溜出門的貓，現在需要我的幫忙才能重新回家。在這次特別的閱讀中，我想起了自己與生俱來的自私傾向。我沉迷於自己的工作，因為它們讓我自我感覺良好，卻忽略了對我來說最重要的人。我必須記住，建立有意義的關係需要時間和注意力。

當然，紀果只是其中一位神聖閱讀的老師。在 Podcast 上，我們也從聖依納爵（St. Ignatius）關於「神聖想像」的教導中學到不少：讓自己融入正在閱讀的故事中，想像自己是文本中的角色，以便更好地投入閱讀。「神聖想像」也邀請我們注意自己所有的感官——聽到、看到、碰到、聞到和嚐到的。這種鼓勵我們沉浸在故事中的做法，允許我們能超越頁面上的文字，體會角色的心情以及他們不出場時在做什麼。就像讓一幅熟悉的場景從黑白變成彩色，書頁上的世界和我們所生活的世界，都出現了新的細微差別。透過為書頁上的的角色發掘更多的同理心，我們也能對與自己分享生活的人更有同理心。

當然，基督徒並不是唯一會進行神聖閱讀的的人。猶太教徒的社群長久以來也一直會進行「哈柏露塔」（Havruta）學習法，這是一種猶太文化中學習經典的方式，兩個人一組一起研讀文本，並相互分析和討論。通常這套方法會透過彼此相互提問跟文本有關的問題，比如說，在《哈利波特》中，故事轉折時為什麼會出現貓頭鷹？在這套方法中，只對你的夥伴提出問題是不夠的，你也必須提出可能的回答。有沒有可能是貓頭鷹是能夠轉很大角度的頭的生物，因此暗示了不可避免地、我們被迫考慮生活中各方面的轉變時刻即將到來？那麼我們該如何在文本中注意到這些鳥兒呢？擁有一個持續進行哈柏露塔學習法的夥伴，意謂著你不僅總會面臨新的且令人興奮的問題的挑戰，還能一起建立一個參考資料庫。而每個問題的真相，就存在於你們一來一往的提問和可能的答案之間。你和你的哈柏露塔學習夥伴還有文本，會形成一個三角形，而智慧的真諦就在三角形的中間。

聖言心禱、神聖想像，還有哈柏露塔之間的共同點並不只是神聖閱讀，它們都有可能被帶入世俗空間。自從在 Podcast 上介紹這個想法後，凡妮莎和我已經聽過許多人們如何將這些做法融入到自己生活的故事。許多老師已經開始改編「聖言心禱」，讓它適合在課堂上使用，還會為學生創造四個提問的作業或對話提示。其他老師則會以課程的核心文本帶領「神聖想像」的練習。我們也聽說有家庭會在長途公路旅行中收聽我們的節目，然後利用「哈柏露塔」式的對話打發時間。也許我們最驚人的成就是在麻州劍橋市一間昏暗酒吧裡的現場表演——當時有三百七十五人以聖言心禱的方法津津有味地閱讀一小段文本，期間伴隨著不間斷的啤酒。我希望紀果會同意我們這麼做。

超越書頁的智慧

閱讀，本質上不僅是機械式地解讀書頁上的符號，而是要解讀角色和他們所處的情境，重點在於為我們周圍的世界創造意義。閱讀改變了我們。我們可以透過閱讀的內容發現自己會成為怎樣的人——用遇到的每一本新書擴充自己的想像力。

當然，還有其他方法能夠讓我們找回自己，而且對每個人來說都完全不同。長距離競速溜冰、吟唱聖歌、花式跳繩、交際舞、收集石頭、和你的狗一起散步——這些對你有用的做法可能被嘲笑，或是對其他人來說微不足道。但請放心！不論其他人或是你自己的不安全感可能對你說了什麼，都要對你自己的做法有信心。有時候你可能會感到空虛，或甚至感覺沒有意義。凡妮莎表示，在這些時刻，我們必須相信以前的自己是在無比清晰和確信的狀態中，決定這是正確的做法。就像一個在考試即將到來的凌晨三點時，決定要作弊的學生，當我們陷入困境時，也可能會做出最糟的決定。信心將幫助我們度過這些艱難的時刻，再次回到我們神聖的連結。我們必須對實踐本身有信心，即使我們感到迷茫，或是感覺沒有發揮作用。因此，請試著探索閱讀是否會對你說話，帶給你一種更深層的自我連結的感覺。

說得更清楚一點，「找到你的神聖文本」，不局限《哈利波特》。你可以選擇一本文學經典，沒沒無聞但是你的童年最愛，或是一首詩。如果你不確定要選擇什麼語言，我強烈建議用你從小最熟悉的語言來選擇文本。通常，這些文字天生帶著共鳴，可以讓人敞開心胸。事實上，你還可以從印刷文字以外去找。比如說，你可以選擇陪你一起成長的某首歌的歌詞，甚至可以選擇一張圖片。荷蘭神學家亨利・盧雲（Henri Nouwen）寫了一整本書，專注於用神聖的方式閱讀林布蘭（Rembrandt）的一幅畫作，他分享了自己在聖彼得堡艾米塔吉博物館（Hermitage Museum）坐在那幅畫前面的故事。每過一小時，他就會發現另一層意義，在畫布上描繪的三個人物中，都能找到自己的身影。或者，你也可以表演你所選擇的文本，可以邀請一群特別選出的觀眾，反思這個文本在他們生活中的意義。

故事是我童年生活很重要的一部分，不僅僅是床邊故事。回首過去我才發現，聽和讀故事對我的自我意識產生了巨大的影響。每年十二月二十三號，我母親總會舉辦一場募捐活動，並邀請我們村裡著名的說書人到我們家來表演。客廳會被改造——我們家所有的椅子會被搬進來，枕頭會堆在地板上，突然之間就坐了四十五個人，門旁還有一個小小的舞臺區。

隨着年紀漸長，我才知道這並不尋常。原來並不是每個村莊都有自己的說書人。但佛瑞斯特羅（Forest Row）村是那種可能看到同學媽媽帶山羊出來散步的地方，因此很適合開說故事學校。

每一年，我都會期待說書人阿什利・拉姆斯登詮釋狄更斯（Charles Dickens）的經典作品《小氣財神》（*A Christmas Carol*）。這是我第一次了解到，故事可以是一面鏡子，讓我們在其中反思自己的生活。透過人物和情節，我們開始更了解自己是誰，以及我們如何生活。而如果我們一次又一次重讀某個故事（就像我兒時每年的習慣），我們就會發現新的深度和真理——可能跟文本有關，但也可能跟世界以及我們在其中的定位有關。

關於《小氣財神》，你可能看過布偶秀的版本，或是讀過經典的原著，但故事其實都是一樣的：

史顧己恨透了聖誕節，正坐在他的辦公室裡、一心只想著錢，不只他的助手鮑伯，他對在白天遇見的每個人都很差。平安夜那天，史顧己從自己冰冷的辦公室回到家，為自己熬了一碗粥。回家開門時，他竟然在自家前門的門環上見到已過世的前合夥人馬利的臉龐，嚇了他好大一跳。「這都是騙人的，一定是幻覺。」他只能這樣安慰自己。正當史顧己躺在床上準備睡覺時，突然聽到樓下傳來奇怪的叮噹聲。更讓人不安的是，他早就把門鎖了兩道，但鈴聲卻走上樓梯，而且愈來愈近。

馬利的鬼魂走了進來。他進入史顧己房中，身上纏著一條由無數錢箱、鎖鑰與錢袋所組成的沉重鎖鍊，看來既殘忍又折磨。馬利哀嘆自己的命運，並警告史顧己說，如果他再不改變自己的做法，同樣淒慘的下場也在等著他。在恐懼中，史顧己還試著跟馬利講理，自己一向是個安分做生意的好人，怎麼可能會在死後受到折磨？馬利忍不住大吼：「生意？！人慈才是我該做的生意！」

即使到現在，我都還能聽見說書人的喊叫聲。那仍然使我不安。現在看來，這場表演或許只是有趣的消遣。但如果這麼想可就低估了我的母親，她可是每年策劃這個活動的主辦人。我父親也是生意人，還有很多坐在客廳裡的其他人也是。我父親是個投資銀行家，他對自由市場經濟的熱愛其實讓他跟史顧己沒什麼分別。這個故事對我來說一直有種特殊的意義，因為它提醒了我，如果不向這個讓人傷心的世界敞開自己的心，那我們每個人的心都會變硬。檢查自己的銀行存款可比檢查自己的良心容易多了。所以這個故事其實不只是娛樂，它是一種行動的呼籲。史顧己的轉變，是在邀請屋裡的每一個人改變自己吝嗇的做法，擁抱我們共同的人性，重新分配財富——不只是為了平等和正義，還是為了讓自己擺脫束縛！我們會坐下來，全神貫注地欣賞表演，因為我們知道這個表演能啟發我們產生對世界更有愛的看法。

在故事一開始，史顧己拒絕了他的外甥弗瑞德邀請他平安夜到家中共享聖誕晚餐、一起玩遊戲的提議。他一直深信孤獨和累積財富才會讓他快樂，但這些鬼魂的造訪卻證明他錯了。因此在故事的尾聲，他走到正在進行節日遊戲的外甥家，略帶遲疑地問：「弗瑞德，讓我進去好嗎？」那一刻，他是在請求別人允許他走進一間房子，請求他的家人重新接納他、原諒他的自私，並且重新建立自己的認同感，不是取決於他擁有多少財富，而是取決於他能付出多少愛。儘管那時我年紀還小，我也能明白故事可以啟發和教導我們，活出充滿意義與目的、連結與喜樂的人生。但這些都不會自動發生，會需要某個人（在這個例子裡，是我的母親）設定動機、把人們聚在一起、烤出大量的聖誕餅乾，並且每年重複這個活動。

這就是將文本視為神聖的智慧，它會讓我們更深刻接近真正的自己，也能有助於整合我們的經驗；它能夠幫助我們看穿自己，以便能讓我們回頭、更清楚地看見自己。用十三世紀神學家和哲學家聖托馬斯・阿奎那（St. Thomas Aquinas）的話來說，神聖的文本會教導對我們的人生來說至關重要的真理，那是我們無法靠自己的力量發現的。它們就像一面鏡子，讓我們面對自己想放手的態度和行為。它們可以啟發我們，讓我們成為高尚的人。也許你已經選擇了《哈利波特》，又或者你比較喜歡童妮・摩里森（Toni Morrison）的小說，抑或是莎士比亞或伊莎貝・阿言德（Isabel Allende）的書，又或者你會想用新的閱讀方式重讀某本宗教經典，這些做法都很歡迎。當我們用神聖的方式閱讀，除了上面提過的任何一種做法（以及更多的方式），都能陪伴我們爬上梯子、走向一直在等待我們的永恆的甜蜜。

安息日的應用

現代社會中，留時間給自己已經變得越來越困難了。數位裝置會讓我們分心，讓我們過上一種只要辨識指紋、一切都隨手可得的生活。當有人問起過得如何時，我們很有可能反射性地直接回答「忙死了」，這使得光是覺察我們的內心世界，或是自己最真實的感受，都變得無比困難。比如說，我們可能會好幾天都沒注意到自己在生氣或是憤怒，或是過去的那週我們感到特別焦慮，直到讓我們感到焦慮的那場對話終於過去。

安息日（Shabbat）又稱主日（sabbath，指星期六），出自古老的猶太教徒傳統，提供了一種現代可以借鏡的暫離儀式，用來製造跟我們自己連結的空間。傳統安息日的重點是關於預留一些必要的心靈時間。當我們能有意識的選擇「暫離」——為我們何時做或是不做某些事制定規則、設定螢幕時間等，無論規則的內容如何，就像在自己的精神裡建立了清晰的支柱。

安息也有已經證實的實際好處。一項二〇一四年的研究觀察了安息日會（Seventh-day Adventists）這個基督教團體，他們證實了維持安息日習慣，和精神與肉體上的健康之間有著顯著的關聯。一個位於加州羅馬琳達、擁有九千位緊密連結的信徒社群的教會，早已被貼上「藍區」的標籤：在藍區裡，人們的壽命比國民平均還要長。同樣的，學者也已經證實有安息日習慣的以色列成人死亡率比較低。那麼就讓我們來看看，對尋求和自己有更深連結的人來說，「暫離日」代表著什麼意義。

透過《我們如何聚在一起》所做的個案研究，我們發現在現代生活中，安息日在三個方面的的應用特別有效：3C、社交，以及工作。當然，傳統猶太教徒的安息日會著重在與他人共同慶祝的活動上——下一章中我們會探討更多與他人的連結。但以下要介紹的這些做法，重點會放在幫助我們和真正的自我連結。

3C的暫離

剛到哈佛神學院的時候，我其實並不覺得自己有靈性。我會去哈佛是因為我想學習如何建立社群。我原本想像自己得從一片無關的課程中篩選，緩慢艱難地搜集有用的資訊，同時拋棄成堆對我來說毫無意義的「花招」。但正好相反，我的教授們對於「宗教」提供的廣泛又反直覺的見解，一次又一次令我震驚不已。不只是在課堂拓展我的想像力，幾乎在每場會議開始之前，先花些時間安靜默想，是再平常不過的事情。每到星期三，學生和教職員們會聚在一起，參加由學生團體們輪流帶領的一系列服事，展現他們各自豐富的傳統文化。這樣的學習環境讓我們在彼此面前更人性化。結果也證實，如果在聆聽某人的觀點之前，能先理解某人的生命故事，學術討論也會變得更令人愉快！這一切都只是想表達，即使我進入神學院就讀，但對於任何宗教色彩過於濃厚的做法，能否對我這樣一個生在現代的世俗之人有幫助，一直都有點懷疑。

有一天，在圖書館裡的時候，我不經意翻到赫舍爾（Abraham Joshua Heschel）的書《安息日的真諦》（*The Sabbath*），短短的文字卻讓我無比震驚。我一直認為守安息日的做法是來自猶太文化的過時後遺症。不開燈、準備好你一天要吃的食物，似乎跟我的現代科技生活毫不相關。但我這才領悟到，正是我使用科技的方式讓我無法真正享受生活。早在很久之前，我就養成習慣一早被手機的鬧鐘叫醒，讓手機發光的螢幕成為我每天最先看到的東西。我甚至還沒下床就開始瀏覽社群媒體、查看電子郵件、閱讀新聞。我的注意力其實是分散的，一直到我下床去刷牙之前，都沒有任何一刻是集中且平靜的——而且就連刷牙的同時，我都還在聽Podcast。「成癮」是個很嚴重的字眼，但當我發現自己在騎車時仍然忍不住查看手機，就可以明顯發現，我其實上癮了。正如藝術家珍妮．奧德爾（Jenny Odell）在其絕妙的著作《如何「無所事事」》（*How to Do Nothing*）中提到的，「這年頭再沒有什麼比『無所事事』更困難的了。」

赫舍爾的書是一九五一年出版的，同年強力膠被發明、第一臺商業電腦被售出。但早在那時，他就已經澈底明白我們該如何使用現代科技。「宣佈放棄科技文明，並非解決人類最棘手問題的終極方案，而是要跟它維持適當的距離。」他在書中寫道。他認為我們應該找出某種和新科技共存的方式，以及能夠不依靠它們——不是要消滅科技或是倒轉時間，而是要有意識地規劃自己使用科技的方式。為了做到這一點，我們就得守

「安息日」。赫舍爾教導我們，一週當中至少要有一天，不依靠各種生產力工具生活，練習擁抱世界和自己，才能找到自己。

因此，受到赫舍爾和韋恩・穆勒（Wayne Muller）所寫的《安息日》（*Sabbath*）啟發，我把星期五晚上設為神聖的時間，切斷跟外在世界的數位連結，以騰出我跟自己連結的空間。打從二〇一四年開始，我就一直維持著「3C暫離日」的習慣——從星期五日落開始，一直到星期六太陽下山，整整二十四小時不使用我的筆電或手機。沒有電子郵件、沒有社群媒體，什麼都沒有。當黑夜來臨，我站在自己房間的窗前，看著天空片刻，接著我會點上蠟燭，一邊舉起它，一邊哼著我在兒時學會的歌，以進入神奇又神祕的安息日。我一把蠟燭放回桌上，就可以感覺到：我的肩膀放鬆了，呼吸變得順暢了，而且通常我一直克制住的疲勞會澈底征服我，讓我在九點前就上床睡覺。如果我真的有感覺了，我就會點上薰香。沒有了3C，當然也就沒有音樂或Podcast可以聽，所以我會完全靜默——這往往是好幾天以來的第一次，我會突然有機會（或是被迫，取決於當天的狀況）可以向內探索自己的心。

這種「從現代科技中休息」的做法是很非日常的。通常世界是讓我們消費的對象

——被選擇、被過濾、被點擊、被享受。科技毫無疑問地塑造了我們生活的樣貌，我們會在口袋大小的螢幕上工作、購物、尋找愛情，而隨著它越來越方便，我們就更難以克制查看通知、滑手機直到半夜。科技趨勢大師凱文・凱利（Kevin Kelly）表示，在每項新科技推出的十年後，社會才能找出如何馴服這項科技的方式。比如說，手機問世十年後，製造商才推出了靜音或震動的選項，而即使已經關了靜音，真實的對話依然很難跟手機競爭，我們正在學習，何時該將手機放在視線之外，甚至如果我們夠勇敢，可以乾脆把手機關機。根據麻省理工學院科技和自我創新計畫創辦人兼主任雪莉・特克（Sherry Turkle）在其著作《重新與人對話》（*Reclaiming Conversation*）中表示的，手機會滿足我們三個願望：「第一，一直都會有人聽我們說；第二，我們能隨心所欲的決定把注意力放哪；第三，我們永遠不會感到孤單。」最後一個願望因此否決了我們很重要的連結體驗——跟真正的自己相連。

加拿大學者已經證實，盯著螢幕看會讓我們分心、變得冷漠，而且精疲力盡。二〇一八年一項由卑詩大學進行的研究顯示，在社交過程中使用手機的人，跟朋友和家人一起時比較不會覺得愉快；而另一項由印第安納大學的莎拉・康拉斯（Sara Konrath）教授帶領的研究則總結說，比起與自己的感受保持聯繫的人，很難辨別並處理自己情緒的人更常使用社群媒體。美國人如今平均一天會花十小時看著螢幕，這個現象著實令人擔心，甚至連螢幕上根本沒什麼可看的時候，我們還是會盯著它！百分之六十七的手機用戶，會在手機沒有震動或是鈴聲的情況下，查看手機是否有訊息或通知。這不僅僅是關乎我們的白天活動。二〇一六年一項由匹茲堡大學（University of Pittsburgh）進行的研究總結，花大量時間在社群媒體上的青年，比起同儕更可能遭受睡眠障礙所苦。這一切都指出定期且澈底的抽離科技是有價值的行為。

電影製片人蒂芙尼．史蘭（Tiffany Shlain）一直都是「3C暫離日」的擁護者。在她的線上影片《未來從這裡開始》（*The Future Starts Here*）中，她表示：「我很喜歡現代科技——但我感覺自己一直在回應每個人，卻沒有真正回應自己。幾年前，我開始思考很多關於時間的問題。我父親死於腦癌，有時候他一天就只有一個小時能覺得舒服點，這因此讓我思考，我們擁有的時間多麼稀少。在那段時間裡，我的家人和我決定一星期裡有一天，我們會完全遠離科技。」蒂芙尼的靈感是來自全國不插電日（National Day of Unplugging）——這一天，人們將接受挑戰，從科技中暫時休息，把自己的手機放在抽屜裡。而這些不插電族則會則會花時間去整理花園、和彼此交談，或者單單就是休息。把科技產品放到看不見的地方是最基本的做法。如果自己的筆電或手機就在周圍，想登入社群媒體或是查看電子郵件的念頭將會多麼誘人——尤其是到了週六下午，我已經讀書讀到有點無聊的時候！

而在週間的時候，史蘭形容她自己像是「情緒彈珠臺」，每天受到電子郵件、電話和各種通知砲轟。當她的3C暫離日到來，「就好像是一個壓力閥，將我從每天必須消化的事實、文章和趣聞中釋放出來。我會感覺更加踏實與平衡，」她表示，「我感覺自己變成更好的母親、妻子和我自己。」

驚人的是，我也發現自己並不需要隨時做出回應。自從在我的電子郵件簽名檔放上「從星期五日落開始，一直到星期六太陽下山，我會保持離線，那是我進行3C暫離日的時間」這一小段提醒文字之後，經常會有人問我，難道我不擔心錯過緊急來電嗎？到目前為止，並沒有任何緊急狀況發生，我也不曾錯過任何千載難逢的機會。而就算我確實錯過了一通緊急來電，我累積的休息時間也肯定是值得相抵。

抽出時間遠離科技會帶給我們空間、時間和能量，可以重新和自己連結。我們可以在精神和肉體上慢下來。我喜歡在自己的暫離日裡寫文章，寫下一連串覺察的想法，而且隨著我的腦袋從緊緊纏繞的狀態中被釋放，往往會激發出新的點子或靈感。赫舍爾是這樣寫的：「我們可不能忘記，並不是事物讓某一刻變得重要，而是那一刻讓事物變得重要。」但除非我們打破生活碎片化的循環，否則將無法經歷那樣的重要時刻。透過3C暫離日，我們最終可以與自己同在，並體會活著的意義。

社交的暫離

我們可以把安息帶進自己的現代生活，透過遠離他人創造與自己的連結。對一些人來說，是他們在週日晚上的沐浴時光，而對另一些人來說，是一次漫長的獨跑——無論是什麼，我都想邀請你釐清自己的動機、設定清楚的界限，確保尊重屬於你自己的獨處時間。

我丈夫早已經發現，我的暫離日並不只是讓我遠離工作上的電子郵件和推特動態的契機而已——更在於單單只有我自己。他通常會慷慨地出門幾小時、去辦點事情或是看場電影，給我充足的空間與時間，讓我與我自己獨處。儘管身為哈佛舍監的我，必須時刻和二十八位大學新鮮人生活在一起，然而，每週一次的暫離日還是提供了一種迷你版的居家度假，讓我能在精神上重新開機，並重新聚焦。

暫離日並不是用來趕上工作進度的時間，也不只是休息以便迎接忙碌一週的時間。它是沉浸在單純美好與快樂的時間。「安息日並不是為了恢復某人喪失的精力，好讓他能夠進行即將到來的勞動，」赫舍爾這樣寫道，「安息是為了生活而存在的一天……安息不是為了工作日而存在的，工作日才是為了安息而存在的。」這對我來說是一種啟示：把暫離日視為一週的高潮，是「生活的頂點」。我開始期待只為了快樂而閱讀，而非為了學習或是進修的時間。我會閱讀歷史小說，像是莫里斯．圖翁（Maurice druon）的作品，也很享受和潔米辛（N. K. Jemisin）一起進行的科幻冒險。在暫離日閱讀，可以打開新世界，因為我完全擺脫了自己設下的限制。記者羅伯特．麥克拉姆（Robert McCrum）在接受書評網站《五本書》（*Five Books*）的一場訪談中提到：「小說的重點在於，你在自己的腦袋裡面是自由的。它不受監督，而且閱讀真的能解放你。」

安息日也反轉了一些最具毀滅性的自我敘述，像是「我們等同於自己的工作」、

「只有創造了什麼，我們才有價值」等。「安息日是啟發者，安息日以外的日子是被啟發的對象。」赫舍爾寫道。我們因而能夠成為完整的自己，還有空間能夠深入探討艱難的問題或決定。我們可以花時間沉思，在沒有干擾的情況下，仔細思量直到最後。在安靜與獨處的狀態下，我們會重新發現兒時的熱情。暫離日的重點就在於記起真實的自己。

一開始可能會感覺有點奇怪。我們人生中有大半的時光，都徘迴於真實的孤獨與深層的聯繫之間那些永遠匱乏的無人之境上。作家帕克．巴默爾認為，集體的空虛感正是由此而起，我們的生活「在集體的忙碌與個別的孤獨之間切換，但很少允許真正的單獨存在或全然融入的經驗。我們在這個中間地帶，孤獨就只是孤單，而我們加入社群的企圖則變得轉瞬即逝且令人挫敗。」從集體忙碌中脫離的暫離日，不只讓我們免於分心，還會給我們獨處的時間，好讓我們可以有覺知地深入挖掘自己的體驗，讓我們的思想任意漫遊。我總會拿出紙和彩色粉筆，或是歌本，偶爾我還會寫一首詩。透過享受暫離的時光，我們能漸漸找回自己內心的創造力，探索那些每天被日常枷鎖壓抑而隱藏的事物。在螢幕掛帥的時代，似乎沒有什麼能容許業餘人士的創作的空間。我們會覺得不被允許唱歌或跳舞，因為已經見識過專業的表演該是什麼樣子。我們從來無法自由地學習一項技藝，因為害怕別人看到不完美的恐懼讓我們動彈不得。但在暫離日裡，我們的創造力並不是為了表現，而是為了享受，或許甚至可以當作是感謝的表現——感謝我們擁有的時間與自由。

你或許已經在進行這其中的某些事情了，但可能還是需要一個轉換儀式，才能把這段時間視為用來獨處的神聖時間。我邀請各位做出改變，無論你的做法是什麼，都讓它成為有意的儀式。點上蠟燭、朗誦一首詩、呼吸十次。無論你做什麼，都要試著全心關注這些療癒你、讓你變得柔軟的時間。我們的內在生活是外在生活的基礎，因此堅持這樣的做法將會帶來數不盡的禮物。這就是典範轉移：每一天、每一刻都可以成為你精神生活神聖的基石。

工作的暫離

儘管安息日要求我們把日常的工具放到一旁，卻不是為了減少我們的活動，而是正好相反。當我們對手邊的工作和效率按下「暫停」按鈕，並留下一段玩樂時間時，可以認識更多的自己。傳統上，安息日是享樂與滿足的時間。在安息期間，美味的食物、高品質的陪伴，甚至性行為都有戒律規定（猶太教徒的宗教責任）！就因為安息日如此美好，猶太人傳統上會遵守二十五小時，而非一天二十四小時——因為他們太喜歡這段休息的時間，以至於希望多延長一小時。在習慣上，安息日是被視為皇后或新娘看待的——家裡會打掃乾淨、家中的每個成員會打扮成最體面的樣子。受到這個傳統的啟發，我喜歡假裝暫離日是要去參加一場皇室婚禮，我很幸運能夠受邀，也會盡全力去享受它！如果你正在探索暫離日的做法，我想邀請你去發現，你可以如何創造某些儀式，以幫助你進入暫離日、解放自己的創意或是玩樂精神！

暫離的時間可以比一天還長，當然也可以跟其他人一起進行。《我們如何聚在一起》研究的其中一個個案是「關機營」（Camp Grounded），這是個創立於二〇一三年，專為成人存在的夏令營。它是這樣形容自己的：

想像有一個地方能讓成年人完全釋放，變得非常、非常奇怪，會不受控制的大笑、在吃飯時唱歌、熬夜彼此分享祕密，直到在帳篷裡睡著……卻只隔幾個小時就又醒來……享受日出SUP或晨間瑜伽、各種手工藝和才藝，還有愚蠢的比賽。他們會穿上滑稽的服裝、大肆跳舞、在才藝表演上大秀身手、用暱稱稱呼彼此，而且非常、超級認真的玩樂。這一切都沒有涉及任何毒品或酒精，他們也不會發IG或是在線上更新自己的狀態，而且沒有人會談論他們的工作。一切都很超現實又驚人。

「關機營」由李維·菲利克斯（Levi Felix）創辦，參考了安息日的原則，並根據這些規則創造了為期一週的體驗，讓這些來參加夏令營的人，遠離科技和工作上的身分，重新和自己與生俱來的創造力相連。他們可以畫畫和唱歌、笑著做蠢事、可以坐在營火旁寫手寫信。菲利克斯是在一場嚴重的精神恐慌後，決定創辦這個營隊的，那場恐慌中斷了他每週八十小時的工作安排，以及他對職涯的完全專注力。這件事提醒了他，他就要為他真正在乎的事情努力。不幸的是，見證「關機營」創造的魔力才短短四年，他就死於腦瘤。但他留下的精神卻深深影響著這些人：「對許多人來說，他就像是催化劑，讓人們可以碰觸自己並激發充滿意義的對話。」其中一位朋友安德魯·霍恩表示。

對我來說，夏令營一直都很呼應安息日的精髓。我十一歲那年，剛到一個荷蘭的鄉下火車站，來接我的是穿著可笑服裝的營隊領隊，他會騎著腳踏車在陪我們抵達營地邊緣。在那裡，他們帶領我們跳起了康加舞，我們宛如搭上太空船般，一同穿越了時空。所有人的錶全都被調快兩小時（這樣那天就可以早點享受營火），而且只有在進到「營隊時區」之後，我們才能走到自己的帳篷和營火爐旁等待。不需要史詩般的建築或是遙遠的旅程，透過一個小小的儀式和大量的熱忱，我們就能踏進完全不同的現實世界。雖然營隊規則和精神不可能永遠存在生活之中，但每當我們準備好的時候，總能幫助我們回到甜蜜的享樂和歡笑時光。這正是赫舍爾把安息日稱為「時間裡的皇宮」的意思。你可以想像一座美麗大教堂，我們會帶著同樣的敬畏與啟發走進它。確實，跨入安息日的領域，就意味著與神聖現實相遇。無論我們在哪裡，不需要有實體的廟宇或教堂，或甚至是美麗的森林。這正是神聖時間的美妙之處：它可以遍及所有地方，無論我們在哪裡，都可以輕易取得。

這正是工作暫離日的美好之處：其實暫離日是為了探索你自己。如果你跟我一樣，就會在夏令營裡學到，在製作工藝品方面你其實沒有那麼糟。也許透過暫離日，你會發現自己很喜歡彈奏樂器——要不是你挪出一段時間，讓自己休息不接觸任何其他事物，你可能永遠都不會發現這點。當然，學習新技巧或是精通某件事並不是暫離日的目標，你不需要、事實上也不應該為了目的而玩樂。嗜好絕對不必發展成為忙碌的奔波！留給玩樂空間的重點在於：明白什麼事情能夠喚醒你內心的快樂，並為這些特別的事情騰出時間。

把安息日帶進生活

還記得我曾在一開始承諾你們的：這些儀式有一大半你們早就已經在進行了。我們所需要做的就只是進一步深化它們，並且賦予它們動機。你或許已經有一些可以幫助你進入獨處狀態的自我照護方案，或是某些能發掘「自我成長時間」的技巧。也許你已經努力在限制自己的螢幕使用時間，也許你每週四都會做瑜伽，是為了讓自己遠離辦公桌、小孩，或是任何佔據你大多數時間的事物。我想邀請你把這些做法轉變成定期、神聖的安息時間。把它們記在日曆上，讓它們成為習慣。

雖然我選擇遵守傳統的時間安排，但暫離日並不一定只能在星期五晚上。只要我們想，隨時都可以進入暫離日——儘管傳統上會建議要有定期的規律。每到週三，我通常已經在想像自己週五晚上3C暫離日的行程了，通常會包含長長的沖澡，還有一套特別的保濕流程，以迎接接下來的微閉關！關鍵在於紀律——這也正是我最掙扎的部分，尤其是我出門不在家的時候。赫舍爾的建議一直都很堅定：「我們是怎樣的人，取決於安息日對我們來說有什麼意義。」我們在暫離的時候，必須得練習說「不」。沒有人會強迫我們，雇主應當要感謝我們願意花額外的時間工作。選擇暫離的人必須是我們自己，但要做到這點的難度很高！停下來往往是我最不想做的事，我會擔心停下來就表示在某件事上失敗，因為在競爭和進步的文化裡，停止根本毫無道理。「小睡部」（Nap Ministry）的創辦人翠西亞．赫賽（Tricia Hersey），將休息形容成一種抵抗，因為它反對了資本主義與白人霸權。「我們的身體是解放的基地。」她在自己的網站上這麼說。她的理念反駁了社會普遍的認知，覺得我們都做得不夠，應該做得更多的說法。停止工作會迫使我們採用另一套規則生活，就像菲利克斯和他的關機營夥伴們所做的。每次我們停下來時，內在的完美主義者必須得死去一點，這樣的死亡可能會很痛苦，甚至讓人感到很羞愧，但是能夠帶來休息與新生，還有將會改變世界的真實希望。我常常對自己說，工作還沒做完，但仍然該停下來了。

最後，各種形式的暫離日對於與自己建立連結是必要的。偉大的作家與隱修士多瑪斯・牟敦（Thomas Merton）在其著作《沒有人是一座孤島》（*No Man Is an Island*）中寫道：「我們不會因為比以往做得更多、看得更多、嚐得更多、體驗更多的樂趣，就活得更充實。正好相反，我們當中有些人需要知道，等到我們有勇氣比平常做得更少、看得更少、嚐得更少、體驗更少，我們才會開始活得充實。」牟敦力勸我們要找到真實的自己，套一句他所說的話，「即便這意味著得在匱乏裡才能找到自我。」在暫離日裡，我們開始了解自己原本的樣子，這樣一來才能達到極致的自我關懷。暫離日讓我們看得更全面，和自己的想像力重新連結，想像世界運作的全新方式。「安息不僅僅是讓人恢復活力的暫停，而是能帶來改變的暫停。」神學家華特・布魯格曼（Walter Brueggemann）寫道。

對每個人來說，暫離日看起來都是不同的樣貌，這大多取決於我們所擔負的責任，以及我們生活的節奏。但即使我們無法獨處，我們也能只靠蠟燭或一段音樂簡單地創造小小的儀式，用與平常不同的方式分享彼此的時間。我們可以帶著臣服去唱歌、畫畫，或睡覺。我們可以回歸自己的內在，在那裡與自己的靜默和孤獨同行。透過暫離日，我們將能記起一切都很好，我們是萬物無形的親密關係中的一部分。記得我們是被愛的、美麗的。暫離日可以提醒我們已經夠好了，幫助我們和自己連結——只要做原本的自己就好。

第二章

與他人連結

和我共同創辦「神聖設計實驗室」（Sacred Design Lab）的蘇．菲利普斯（Sue Phillips）認為，和自己連結其實與和他人連結習習相關。「我是誰？」這個問題不可避免地會引出下一個問題：「我屬於哪裡？」因為我們所了解的自己，本質上其實是由周圍的人塑造出來的。本章將會探討如何轉化古老的儀式，幫助我們更人性化，如何加深我們現有關係的品質，以及如何建立新的連結。

研究指出這正是讓人生變得有意義的原因。從一九三八年大蕭條時期開始的「哈佛大學成人發展研究計畫」追蹤了超過七百位男性的生活（有時候還包括了他們的配偶），以了解擁有健康與快樂的生活所需具備的因素。經過八十年的研究後，科學家總結出的結論是，受試者與他們的朋友、家人和伴侶之間關係的品質是最重要的因素。研究人員收集了各種數據，每過幾年，研究人員就會搜集受試者的醫療記錄和腦部掃描數據，並針對受試者生活當中的各方面訪談他們。再過幾年，研究人員還會訪談受試者的配偶和小孩，並拍攝他們在家裡的日常生活互動。

哈佛大學醫學院的臨床精神病學教授羅伯．威丁格（Robert Waldinger）是這個研究團隊的第四位主持人，他向我們解釋從這個研究中得到的三個關鍵結論。首先，社會連結對我們很有益處。每五個美國人當中，就有一個人表示自己很孤單，因此和我們的家人、朋友還有更大的社群之間的關係，可以幫助我們活得更久，也更快樂。再者，生活中關係的數量其實沒那麼重要，反而關係的品質才是最重要的。活在衝突中的人們，會嚴重破壞健康，而活在溫暖的關係當中，則會保護我們。研究人員回顧幾十年來收集的數據時發現，相較於膽固醇指數，關係滿意度更能代表健康和快樂。「在關係中感到滿足的五十歲人們，到了八十歲時也是最健康的一群人。」威丁格表示。即使在身體嚴重疼痛的日子裡，處於滿足關係中的老年人，情緒和健康的時候一樣正面，但對於處在不滿足關係中的老年受試者，情緒上的痛苦會放大身體上的疼痛。最後，該研究總結說，好的關係不只能保護我們的身體，還會保護大腦——如果我們明確知道在需要的時候可以依賴他人，擁有完整記憶的時間會更長。

除了身為科學家之外，威丁格還是個禪師。他的研究深深影響了他。他表示：「人很容易變得孤立，我們很容易因忙於工作而忘記：『喔！我已經好久沒看到朋友了。』所以我會比過去更注意自己的人際關係。」

溫暖的關係需要用心照料。正如你我所見，科技往往是阻礙我們的凶手。發展行為兒科醫生馬克・伯丁（Mark Bertin）為加州大學的《大好》（*Greater Good*）雜誌撰稿時，表示社群媒體「會減弱我們的自尊，增加我們的焦慮和沮喪，而且更弔詭的是，會讓我們感覺更為孤單。」因此，我們需要其他方法來與他人建立交流。有許多人為此感到掙扎：正如我在前言當中提到，越來越多以孤單和歸屬感危機為題的書籍和文章。二○一八年一項針對兩萬名美國人進行的研究顯示，有二十七%的人很少或從來不覺得有人能真正了解他們，而其中只有大約一半的人，能夠每天進行一段具有意義的、面對面的互動，比如和某個朋友進行漫長的對話，或是跟家人相處的美好時光。

然而有許多人已經找到有意義，且能建立與他人連結的方法，這些連結累積起來就是威丁格所謂的「理想生活」。在《我們如何聚在一起》的研究中，我們發現了兩個社群趨勢：人們喜歡聚在一起吃東西，以及聚在一起運動。本章利用了創造用餐儀式及覺察自己身體的古老做法，深化這些與他人緊密連結的日常活動，並成為個人儀式。

一起吃飯是一種個人儀式

列儂．弗勞爾（Lennon Flowers）高三那年，她的母親被診斷出得了癌症。四年後，她去世了——那年列儂即將大學畢業。出生於北卡羅萊納州的列儂，最後搬到了洛杉磯，卻發現她依然難以開口談論母親和她的一生、談母親對自己的影響，母親的缺席又如何讓家族的狀況變得更複雜。「我不知道該如何在聊天時提起這件事，卻不會嚇跑新朋友。」列儂表示。如果有人問起她要怎麼過母親節或感恩節，對話總是以尷尬的方式收場。「這件事根本就是對話殺手。」

列儂渴望能跟了解她經歷的人聚在一起。因此在二〇一〇年底，列儂跟她的朋友卡拉．費南德斯（Carla Fernandez，她最後成了「晚餐派對」的共同創辦人）在她們合住的房子後院舉辦了一場晚宴。整場晚宴上，這些受邀者很可能只認識邀請他來的人，但不妨礙這群二十多歲的年輕人們在彼此身上發現他們一直在尋找的東西：足以見證一段強烈、重要經驗的人。圍著這張桌子、跟這些人一起，他們用自己的經驗做為敲門磚，踏進更加豐富、更誠實，而且也更敞開心胸的生活。

這就是「晚餐派對」（Dinner Party）的緣起，在進行《我們如何聚在一起》的研究時，這是我最喜歡的社群之一。這群朋友開始每個月聚在一起，很快的，五個人變成六個人，不久之後，連朋友和朋友的朋友都想要加入。新的餐桌主人開始在舊金山、華盛頓和紐約市裡把人們聚在一起。直到今天，全世界九十五個城市裡已經有兩百七十張定期聚會的餐桌，而且所有人都在晚餐時刻相聚。通常每個客人會帶來自製的餐點或是一道菜來，那道菜往往能讓他們想起自己失去的所愛。也因為在團體裡的每個人都有著失落的經歷，所以在餐桌上不會脫離這個主題。他們可以坦誠討論所感受到的悲傷，一如他們表達自己的憤怒和解脫一樣。隨著時間過去，當下讓他們崩潰的悲傷會融入生活，悲傷與快樂並存。工作上的掙扎、升遷、開啟新的關係、家庭中的挑戰，這些都是在餐桌上歡迎談論的話題。

這世上再也沒有比一起吃飯更容易建立關係的方法了。幾千年來，人們一直都會共享食物。一開始他們會分享採集和打獵得來的食物，是出於生存上的需要，之後則是做為一種展現友善的方式。透過一起吃同一碗食物，本來可能是仇敵的人可以向彼此證明，沒有人會下毒害另外一個人。傳說故事說這也是為什麼我們會在吃飯前乾杯的原因。如果我們的玻璃杯或酒杯碰在一起，裡面的液體會流動，彼此都可以確保自己的安全！一起吃飯一直都是我們建立社群的方式，透過一個固定的空間和時間，讓我們聚在一起。吃飯這個行為，還可以做為一種讓對話變得生動的有機媒介，或是幫助緩和尷尬的時刻。我最愛的電影《電子情書》的導演諾拉・伊佛朗（Nora Ephron），曾經寫過很有名的一句話：「家人，就是晚餐吃著同樣食物的一群人。」

世上還有一些重要的宗教儀式，也是以一起吃飯或是喝酒為核心，例如受到禪宗佛教傳統所啟發的日本茶道文化，或是錫克教慈善廚房（Sikhism Langar），那是不分種姓或宗教，所有社會階層都能平等地一起吃飯的社區餐會。即使在白天禁止飲食的齋戒月（Ramadan）期間，回教徒也會在一天結束後打破禁食狀態，享用開齋飯。而當然，基督教禮拜傳統的中心就是聖餐禮（又稱主的晚餐），雖然目前常見的是吃麵包和喝酒的儀式，跟原本「最後的晚餐」可差得遠了，但是我們可以記取這個傳統所代表的意義：一起吃飯是一種神聖的行動。

透過坐在一起這個方式，暗示了我們需要彼此。東正教神學家亞歷山大・施梅曼（Alexander Schmemann）曾寫道：「吃飯這件事絕對不只是為了維持身體機能，人們或許無法明白『不只』以外還有什麼，但他們仍然渴望參與慶祝的饗宴。」施梅曼讓我們明白，人們會創造自己的神聖吃飯儀式：他認為當我們一起吃飯的時候，會發生一些可敬的事情。這聽起來可能很抽象，但是他對此論點提出的理由還滿有道理的。傳統聖餐禮中，神學家在基督徒領受的是否是耶穌基督的身體跟寶血這點上有諸多見解，他們往往會把重點放在食物上：它變成了耶穌的身體嗎？或者它只是單純象徵耶穌的身體？但是施梅曼並沒有問這些問題，相反地，在其著作《給這個世界的所有生命》（*For the Life of the World*）裡他寫道：「我們必須明白在麵包跟酒上『發生』的事之所以會『發生』，是因為在我們身上先『發生』了。」就施梅曼的理解來說，正是因為人們出於信仰的理由聚集在一起，才讓儀式中的麵包跟酒變得不同。他繼續寫道，在這個神聖的相聚時光裡，「我們身處的位置已經超越了時間跟空間。」

各位發現這段話，其實呼應了赫舍爾所說的「安息日是時間裡的皇宮」的概念嗎？同樣的，神聖的儀式也會讓我們抽離日常的習慣，進入更深的存在狀態。在這樣的情況下，我們的存在會和周圍的人同在——而這正是「晚餐派對」上發生的事。一起吃飯能夠讓你有更深刻的連結體驗。「我們總是知道如何圍繞在一張餐桌旁，」列儂在電話中向我解釋道，「走進一間為了促進交流而將椅子圍成一圈的房間，跟坐下來一起吃晚餐，把沙拉傳給你隔壁的人，兩者給我們的感覺，前者總是比後者來得更拘謹。吃晚餐時，你可以開心的跟你隔壁的人聊天，如果你不想說話，也可以一直吃東西就好。」

對像列儂一樣因為癌症失去所愛的人們來說，一起吃飯還有額外的共鳴。「我想起在化療期間沒胃口的母親，生病對她來說不只是身體上的痛苦，心理上也帶給她極大的失落感，因為她不能跟她的朋友一起用餐。」一起吃飯確定了一個相當簡單的事實：自己確實活著。

這種共享的做法改變了列儂對「晚餐派對」這個社群本身的理解。沒錯，它是個圍繞著悲傷經驗而建立的社群，但那其實並不是它真正的目的。悲傷這種經驗會讓人們失去與彼此的連結，而「晚餐派對」則像是一種現代儀式，能夠克服這樣的疏離、幫助人們重新連結。列儂的團隊會開始注意到這點，是因為他們收到留言，詢問寵物死亡、關係疏離或是性暴力的倖存經驗，能不能「算是」失去。列儂向我們解釋：「我們這才領悟到，晚餐派對的功用並不只是將因為死亡或失去的悲傷人們聯繫在一起，而是在於找出這些掙扎的來源，並把它們轉化成新的連結。」針對其他同樣以解決孤立為目標的社群，晚餐派對甚至還成立了一個聯合的傘狀組織，以和其他人分享他們的原則與方法。餐桌就像是他們的煉金術大釜，人們在此把痛苦轉化成新的連結。

晚餐派對已經不再只是一個小型、在洛杉磯定期舉辦的聚會：它已經是世界性的社群，讓一般人都能與彼此一起創造有意義的連結。參加者可以「加入餐桌」或是成為定期的主辦人，而這種有機的建立社群方式已經創造出一種強大的空間，讓人們聚在一起彼此療癒。

飯前儀式

並不是每頓晚餐都需要飯前儀式，而且大多數時間的用餐就算再敷衍也完全沒關係！（說實話，偶爾坐在 YouTube 前正是我們所需要的。）大小不一的晚餐派對，或者一人帶一菜的定期聚會、讀書俱樂部或遊戲之夜，可以建立和培養社群。但當我們真的想體驗神聖的一餐時，我們該如何設定目標呢？又該如何確保自己不是唯一一個希望建立更深刻連結的人呢？在這裡，我們可以從傳統的祝福儀式中學習。

我小的時候，每當和我的家人一起坐在餐桌旁吃飯時，我們總會牽着彼此的手，唱著一曲簡單的旋律：

祝福花，祝福果，
祝福葉與莖、祝福根。
祝福這一餐，祈願大地平安。

也許你家也有在用餐前說的祝福、祈禱或簡單的感謝詞。在感恩節這樣的特殊日子裡，即使是那些生活中不太講究儀式的人，也會在開動之前說幾句感謝的話。一個小小的儀式可以改變餐桌上的氣氛。單單看著彼此的眼睛，舉起酒杯說「相聚真好！」，可以提醒我們，此刻的重點就是要享受彼此的陪伴。或者你可以在靜默中點起蠟燭、手牽手數秒，讓每個人在飯前享受片刻的安靜。

人類學家克利弗德·紀爾茲（Clifford Geertz）有句名言：「在儀式中，真實的世界和想像的世界，最終成了同一個世界。」換句話說，儀式會邀請我們進入一種平時只能勉強瞥見的生活方式，進入一個既充滿我們設定的意圖，卻又無法預測、滿懷期待的未來。這就是吃飯前短暫的儀式時刻帶來的力量，它能將注意力重新聚焦到彼此身上——我們的相互聯繫。理想情況下，我們注意的將不只是聚在餐桌周圍的人，而是延伸出去到那些播種、種植、採摘、分類和運送食物的人。我們透過食物彼此連接，並向使這一餐得以實現的許多雙手致謝。

每當我們有客人時，我母親都會在短短的祝福歌中加入「歡迎阿姆斯特丹！」（隨著我們的客人來自哪個城鎮而變化）。隨着年齡增長，我和姐姐們總會尷尬地發出呻吟。但現在，當我們與伴侶、孩子們團聚，雖然在向彼此伸出手時會感受到強烈的諷刺意味，在歌曲結束時，我們仍然很高興能祝福這一餐和彼此。剛開始做一個新儀式時，看起來可能會有點非主流，但只要在用餐時簡單地重複幾句話，它們很快就能融入你的家庭或友誼中。

即使你是獨自一個人吃飯，透過紀爾茲提過的想像力，也可以與他人連結。咬下第一口之前，可以留意食物的顏色和氣味。接著，當你把食物放到嘴邊時，可以注意自己的身體反應：嘴裡的唾液、肚子裡的飢餓感。最後，當你吃第一口的時候，品嚐一下味道，並向你想像中為這份美味付出的人致上感謝，因為他們的幫忙，食物才能送到你手上。每咬一口，都能試着向你想像中的每個人傳遞善意。

重複之必要

雖然跟陌生人吃一頓飯的確是親密又刺激的一次性體驗，但像「晚餐派對」這樣的社群真正發揮力量之處，在於關係會隨著長期發展而成長。列儂表示：「人們總是有許多關於『我們是誰』的預設故事。六個月前，我們信誓旦旦講述的關於自己的故事，到了今天可能已經改變了。我們需要彼此來幫助自己重新檢視那些說出口的話，深思我們的身體和精神正在發生什麼。」隨著時間過去，我們建立了其中毫無隱藏的真實關係。在這樣的關係中，光是存在就能傳達出對彼此的愛與情感。

簡單來說，這是時間加上親密感鍊成的一種情感。有整整三年的時間，尚恩和我在哈佛大學的新生宿舍裡擔任舍監——那其實是宿舍助理的漂亮別稱。在四百平方英尺的面積裡，在約翰．甘迺迪入學的房間樓上，在二十八個青少年探索第一年大學生活的過程中，我們就住在他們隔壁。當然，總有起衝突的時刻，也會有很多關於該選什麼課的對話，但我們大部分的工作都還是在支持學生建立有意義的關係。幫助新生們在入學幾週內交到朋友、解決不可避免的室友衝突、慶祝成就，並在哀悼的時刻靜靜陪在一旁。但最重要的是，我們每週都會透過食物把新生聚在一起。利用「晚早餐」[9]之類的主題，我們沉迷於自製煎餅和煎蛋直到深夜，或是舉辦「酪梨醬大賽」測試各種酪梨食譜，我們總是在晚上舉辦並藉此機會聯繫彼此。到了年底，那些在活動中大量投入的學生（一起聚餐、與彼此分享故事）離開學校去放暑假時，將會是帶著強烈連結離開的人。

二〇〇八年在杜克大學畢業典禮的演講上，小說家芭芭拉·金索沃（Barbara Kingsolver）對畢業生深情呼籲，當他們大學畢業，踏進新世界後，會發現這個世界的生活結構看起來很不一樣。望著準畢業生和家長們，她這麼說：「一直以來你們都和朋友生活的如此緊密，甚至需要跨過他們才能進到房間，熟到根本不需要開口問他們有什麼困難。但當你們從宿舍搬到公寓或任何地方後……你過著充實的生活，被人們包圍、參與各式各樣社群與實際結構，但這之中沒有一個是完全屬於你的。有些人告訴你這一切本來就會改變，長大意味著離巢、通往孤立的漫長手扶梯，但這可未必。等你們離開這裡之後，一定要記得自己在這個地方最愛的是什麼。我猜應該不是化學，或是瘋狂的松鼠、甚至大包裝的麥片……我的意思是你們生活的方式，生活在親密且持續的連結中，曾經在這片土地上處處可見，是人類最古老的社會結構——我們稱之為社群。」

但諷刺的是，在我們被迫得聚在一起的情境，例如宿舍或軍隊裡，我們形成的關係甚至連友誼都不是。在全國各地的團體餐廳裡，儘管一次又一次同桌吃飯，我們卻會發現，展開一段速食關係根本不必多了解對方。總歸來說，一起做飯、坐下同桌吃飯、還得長期持續，滿足了這三個關鍵元素，才是創造親密而持續的聯繫最好的方法。

飲食規定也能促進連結

宗教的飲食規定讓我深深著迷。一開始，它們似乎限制很多，像是上古時代的遺

❾ 原文為 Breakfast for dinner，一種健康飲食法，指在晚餐時吃一些通常在早餐吃的食物。

物，但是讓我感興趣的並不是哪些特定食物被禁止，而是如何創造該吃什麼、跟誰一起吃的規則，才能讓社群緊密連結。

如果你曾經為一群飲食需求多元的人們料理過，有人吃素、有人不吃麩質、有人採取原始人飲食法，還有人有乳糖不耐症，就會知道這頓大餐想讓所有人都滿意，根本是不可能的任務。身為素食者，我知道跟其他素食者在一起，對我來說會簡單許多。不會有人問我去哪裡攝取蛋白質這種討厭問題，餐桌上也不會出現烤雞的香味。每個家庭或一群朋友通常會有同樣的飲食習慣，其實是很有道理的。

這讓我想到猶太教的飲食條例（kashrut），這些規定大體上禁止吃貝類，還有任何非偶蹄且不會反芻的動物——所以豬肉不行，而且同一盤食物或同一張桌子上也不能混放肉類和奶製品。無論是過去還是現在，這讓和其他人一起吃飯變得很困難，因此為了遵守宗教規定，猶太人通常會和自己的社群一起吃東西。而儘管歷經好幾世紀的暴力壓迫和強迫拆遷，這些規定卻還是被保留了下來。就某個方面來說，它們已經超越了原本的宗教脈絡，就連那些形容自己在文化上（而非宗教上）是猶太教徒的人，也指出食物才是他們認同猶太教最關鍵的標誌！

而在我們當代的人際脈絡下，像是薄弱的友誼、忙碌的伴侶，還有經常受挫的家庭，要是我們重新想出一套飲食規定，那會造成什麼改變？想像一下，要是我們能將隨意的聚會和晚餐轉變成穩定的投入關係，例如每週四晚上和同一群朋友一起吃飯的約定，或是每個月和不太熟的同事共進午餐，試著改善關係。換句話說，雖然我們不需要嚴格遵守哪種食物能吃、哪種不能的規矩，但還是必須為那些**和我們共餐的人**重新建立一套儀式。

不需要有相近的飲食習慣，我們才能聚在一起，但如果你有一群飲食習慣相近的朋友，無論是素食者、原始人飲食法，或單純是一群下班就想吃披薩的人，可能很有幫助。一套定期共餐的個人儀式還是對我們很有好處，因為它能讓我們對自己最重視的關係負起責任。這套儀式意味著即便我們很累或是心情不好，即便我們是新加入的、可能會有點尷尬，或即便我們剛跟我們所愛的人吵過架，我們還是得一起坐下來用餐。這也表示就算有些很無聊或討厭的聚會，我們也得參加。你也可以把這套儀式想成另類的三十天全食療法（Whole30）。只不過，這次我們注意的不是碳水化合物和蛋白質，而是應該邀請誰來共餐。想像一下，承諾每週日晚上邀請某個需要陪伴的朋友，有沒有人剛分手？或是失業？或是有好消息要慶祝？就算你剛搬到某個新的城市，你還是可以邀請在地鐵上遇見的人，或是剛載過你的 Uber 司機、住在樓下的夫妻，或是超市店員。這正是一起吃飯能夠成為個人儀式的原因。

我敢說，對宗教飲食規定的重新構思，是確立共餐行為的催化劑，而如果我們夠大膽，依然能從中汲取傳統的精華。拉比赫舍爾曾寫道：「也許猶太教想告訴我們的是，在做有限的事情時，我們可以感知無限。我們有責任在可能中獲得對不可能的感知，在日常中獲得對永生的看法。」透過一起吃飯，我們會想起自己與內在的連結，以及我們對周圍人們的依賴性。我們盤子裡的食物並不需要有更多的寓意，正如作家宣娜・涅奎斯特（Shauna Niequist）所說，它就是「關懷的語言」。

一起運動也是個人儀式

歷經長久考驗與測試，一起吃飯無疑是種能夠與他人深刻連結的方法。而我們的第二個儀式也是如此：一起流汗。在進行《我們如何聚在一起》的研究時，一次又一次，我們與各種專注於具體實踐以建立歸屬感的社群相遇。正如我在本書前言解釋過的，「混合健身」是扇重要的大門，它幫助我了解所謂世俗且日常的儀式是多麼有力，足以代表某種巨大的文化和精神上的轉變。

以波士頓的非洲流瑜伽（Afro Flow Yoga）為例，它「透過散居世界各地的非洲人民所實踐的瑜伽、舞蹈、韻律、靈性和文化價值，提倡療癒、平衡、和平和全人類的提升。」非洲流瑜伽的創辦人萊斯里・薩蒙・瓊斯（Leslie Salmon Jones）與傑夫・瓊斯（Jeff Jones）解釋說，這群瑜伽人聚在一起的目的，不只是要鍛鍊身體，還包括建立社群。我曾參加過他們的課程，全部的人會在訓練開始前圍成一圈，用幾句話介紹自己和分享參加的動機。最讓我驚訝的正是這個分享的流程：有很多瑜伽課會邀請參加者設定動機，卻很少會要求他們跟團體中的其他人分享自己的動機。相比之下，非洲流瑜伽很重視分享，分享可以促進瑜珈墊之間的關係建立。而萊斯里和傑夫都是很溫暖的存在，會讓每個人都感覺自己是受到歡迎的一員。他們設計的非洲流瑜伽體驗，不僅是與彼此建立聯繫，還要跨越時間與長輩和祖先建立聯繫。

受到泛非運動領導人馬科斯・加維（Marcus Garvey）話語的啟發：「對自己過去

的歷史、起源和文化一無所知的人，就像一棵沒有根的樹。」萊斯里和傑夫的工作，對於療癒世代創傷有著積極的貢獻——尤其是中央航路[10]倖存者的後代。於是你可以發現，非洲流瑜伽的目的，遠比單純地保持身材還要深刻得多，它其實是一種對於心的鍛練，是一種對故事的澈底經歷，也是一種集體療癒的工作。

同樣的，位於洛杉磯的「書呆當自強」（Nerdstrong）健身房，也不僅是增加肌肉或雕塑線條而已。它最初開始於一個小小的車庫，朋友們會聚在一起訓練和玩龍與地下城之類的遊戲。「書呆當自強」的創辦人安德魯．多伊奇（Andrew Deutsch）在他們的網站上解釋：「有一天，我們一轉身，車庫裡冒出了十五個人。那時就決定開放我們的空間，看看能不能把幾個正在訓練的書呆子變成強壯的書呆子。我們辦到了。幾年後，經過一次擴建，現在我們擁有兩千平方英尺、許多重量訓練和有史以來最好的社群之一。」在「書呆當自強」的健身，會把科幻和奇幻故事融入到訓練菜單裡以豐富你的鍛鍊。比如說，如果你想過與漫威宇宙中的薩諾斯（Thanos）戰鬥、擊敗《洛克人》中的大反派威利博士（Dr. Wily），或是打倒《哈利波特》中的佛地魔（Voldemort），那麼「老闆怪物」（Boss Monster）就是為你量身打造的訓練課程。安德魯解釋說：「我一直覺得我的工作……就是為了那些已經被健身遺忘的人們而存在的。像是書呆子或是阿宅，書呆當自強就是為了他們而成立的。」

突破脆弱的屏障

這兩個社群說明了我們能夠利用運動加深與彼此連結的潛力。兩者都提供了緊密連結與共享的體驗，還有一個安全的地方可以做自己（即便那意味著必須對抗漫威的大反派）。俄亥俄州大學韋克斯納醫學中心的運動心理學主任珍妮佛・卡特（Jennifer Carter）博士解釋：「我們的身體能夠承受緊張與負面的情緒，並在身體活動的期間釋放出來。」當身體疲累的時候，我們的情緒大腦就比較不會受到壓抑，意味著高強度的訓練能讓我們獲得有力的情緒釋放。那麼，這就是我們能透過運動加深的第一個好處：

❿ Middle Passage，指奴隸貿易中從非洲到美洲的大西洋航線。在十六至十九世紀中期間，很多非洲人被強行運送到美洲成為奴隸。

拆解自己脆弱的屏障。隨著在世界上活的越久，我們當中有許多人變成了頑固又憤世嫉俗的人。我們不允許自己卸下武裝、讓其他人進入內心，因為那樣既愉悅又危險。因此一起運動會很有幫助，沒有什麼比「靈魂飛輪」（SoulCycle）更能驗證這個論點。

在我們的研究剛開始時，我的神學院同學佐伊．吉克邀請安吉和我去上「靈魂飛輪」的課程。佐伊雖然是受訓中的猶太教學者，卻表示：「靈魂飛輪才是我信仰的宗教。」我們出現在煥然一新的店面，裡面都是穿著各種花俏服裝和品牌運動裝備的女性。工作人員熱情的歡迎我們——這是「靈魂飛輪」成功的最關鍵因素。共同創辦人伊麗莎白．卡特勒（Elizabeth Cutler）曾在哈佛神學院的課堂上表示，早期「靈魂飛輪」還只是個藏身在紐約西七十二街骯髒走道下的小工作室時，她們建立社群的方式是「用愛讓人們留下來」。超過十年過去，這個任務還是沒變：將靈魂帶給人們。網站上這樣寫著：「我們獨一無二、搖滾巨星般的教練會引導騎士經歷一段鼓舞人心、深度冥想的健身體驗，目標是讓身、心、靈都能獲益。在黑暗的房間裡點亮燭光，放著高能量的音樂，我們的騎士會搭配節拍、跟著教練的編排，以一致的動作成群移動。這種體驗是集體性、原始又有趣的。」在一堂四十五分鐘的課程內，騎士們的動作統一一致，每個人踩踏自己的輪子、配合音樂的節拍。與其說是飛輪課，其實更像是舞蹈課，騎士們的肩膀會下垂，臀部會離開座位，和房間裡的其他事物同步。

以研究的名義，安吉和我嘗試過全國各地的靈魂飛輪課程。在西好萊塢，我們跟著安吉拉・戴維斯（Angela Davis）一起騎飛輪，她是前國家隊的田徑運動員和全明星隊的教練。我很驚訝地發現，和大多數的教練不同，她並沒有騎飛輪，就只是走在我們這些騎士之中，分享她當天想說的深情訊息。戴維斯是個熟練的傳道人，這點並不令人意外——她是奧羅爾羅伯茨大學的學生，那是奧克拉荷馬州著名的福音派基督教大學。她向我們宣示：「這輛車上有祝福在等著你！去接受它吧！」「天使正在為你鼓掌！」我環視周圍，因為這些宗教語言而感到震驚。對於我們這些重視心靈但並不虔誠、世俗的自由派精英來說，這肯定太過了吧？不。每個人都在歡呼、微笑、故意扮鬼臉，並且踩得更用力。慢慢地，我允許自己全心去體驗騎乘，而不只是觀察其他人如何成就這一切。「今天就是你們確認自己夢想的都將成真的日子，它早就在你們體內了！你們的DNA裡早已下載了這個夢想。能夠成為你們被呼召、創造及設計的身份的能力，早就在你們裡面了！」很快地，我就在她的掌握之中了。「沒錯！」我感覺自己的身體在說：「我做得到，我將知道是什麼在等著我！」

隨著汗水從我的前額滴下，我的心情變得很平靜，開始感受到自己是某樣更大的事物的一份子，就好像跟我同行的騎士和我，都是某樣更大的集合體的一份子——我們全體一致地行動。因為受到周圍其他人的鼓舞，我感覺變得更強大。前方傳來的鼓勵呼喊聲，與騎士自己的喊聲呼應，讓所有人得以充飽電繼續前進。在這個巨大的凝聚力中，沒有任何一個人想讓另一個人失望。這正是佐伊所形容的感覺，也是她之所以視為宗教的原因。

經過三十五分鐘的高能量騎乘後，我們來到了爬山模式。這是倒數第二首歌，節拍開始慢下來、自行車的阻力也開始變大。所有的壓力和焦慮、恐懼和懷疑，正在消融。我們就在那裡，原始、全然人性化的，在這個共享的時刻流下靈魂的汗水。幾乎在每堂課的此刻，眼淚會開始掉下來。騎士們往往無法解釋自己在哭什麼，但淚水就是會突然湧現——再沒有什麼能比人們能夠自在地在彼此面前哭泣，更能夠證明社群已然成形。這正是讓運動成為強大聯繫的關鍵因素——是我們的身體在說話，即使是在一群陌生人當中。在一個重視理性、認為感性的情緒靠不住的文化裡，單純透過文字與想法來進入我們脆弱的內在變得相當困難，特別是在公共場合。但既然我們的感官已被響亮的音樂和黑暗淹沒，體力的消耗就會突破我們的屏障，讓我們能敞開接納真實的連結。

西非靈性導師與作家馬里多瑪・派崔斯・梭梅（Malidoma Patrice Somé）表示，在開始一段儀式之前，是你擁有這段旅程，是你握有掌控權。但「一旦儀式開始，就變成是這段旅程擁有你。」梭梅認為，現代西方社會之所以欠缺儀式，有很大部份是因為我們當中有許多人極度渴望掌控一切，但這卻違反了儀式的本質。「放棄掌控的感覺可能會讓人覺得很可怕。」然而這正是像「靈魂飛輪」這樣的空間所提供的：一種放棄掌控、選擇臣服的體驗。儀式本身會奪走騎士的掌控權。就連教練也會發生哭泣的現象！威利・福爾摩斯曾在一次視訊訪談中表示：「我擔任教練還不到兩個月，就已經哭了至少三次。我甚至不知道自己為什麼會哭，我並不覺得難過、生氣、心煩或感受到任何類似的情緒。但我臉上就是會充滿淚水。我上課會哭、下課會哭、訓練時會哭。我這輩子還沒有發生過這樣的事情。」

我們訓練時可能會感受到日常生活中的焦慮和壓力、痛苦。一起運動可以讓我們重新開機，不只是自己的身體，還包括集體的身體。我們會記得一起經歷的患難與共、學會同理另一個人的經歷。我們感覺自己是某個更大的團體的一份子，其他人也會跟我們自己一樣，擁有完整的情緒與憂慮的光譜。

社群是由一起受苦和歡笑建立的

一旦我們進入那種原始、充滿情感的內心空間，我們就能夠更深刻地反思人生的重大問題。靈魂飛輪的教練經常會問自己的騎士這些問題：「你今天是為了誰來騎車？」或「你準備要放下什麼？」，像這樣的問題會幫助我們為身體上感受到的痛苦賦予意義：答案也許是「我是為了我的小孩而來。」或「我是為了剛被診斷出得了乳癌的妮哈來的。」真正的魔法在於一起分享這些反思。在混合健身裡，訓練通常會需要與夥伴一起完成，例如目標是完成一百五十次波比跳，而這兩個夥伴，他們可以決定是否要平均分配波比跳的次數，或是讓比較強壯的人負責一百次、另一位則負責五十次。更好的狀態是，他們會在開始之前分享幾句自己的動機，讓訓練提升到更有意義的層次。一個位於紐約州北部、由蘿倫與麥可・普蘭克（Lauren and Michael Plank）經營的混合健身社群，則在每週五的訓練課程裡整合了聖經研讀、討論和禱告。麥可表示：「我們利用混合健身幫助人們學習如何照顧自己、如何跟社群結合、如何成為某個比自己更大的群體的一份子。無疑地，這種健身方式會考驗你的身體，但它也是很大的心理挑戰。因為你會與一群人一起進行訓練，所有的高牆都會倒下。」混合健身的共同創辦人格雷格．格拉斯曼最喜歡說：真正的社群是透過一起受苦和歡笑而建立的。

說起這類創造更多意義的運動團體，還有另一個好例子是團隊障礙賽「最強泥人賽」。每年大約會有五十萬人參加的最強泥人賽，創造的障礙了包含以下三種主題：力量（困難的障礙）、恐懼（看起來可怕的障礙），還有團隊合作（單靠一個人無法跨越的障礙）。其中一個仰賴團隊合作的障礙項目是「尼斯湖水怪」，主體是深度超過一公尺的大水池，中間還有可旋轉的木塊，選手們必須彼此合作，才能成功旋轉木塊、通過水池。我的朋友，拉比艾蘭．巴布丘克每年都會和一群大學朋友一起參加最強泥人賽。他們很幽默地把自己的隊伍取名為「山猶民」（Mountain Jew），這趟旅程也已成為一年一度的社交儀式，能讓他遠離工作和家庭責任幾天，與心愛的老朋友一起完成挑戰。比起聚在一起幾個小時，或是隨機打電話聊天，這個做法顯然深刻多了。

「在最強泥人賽之前，我們會以團隊為單位一起訓練幾個月，在半夜跑上羅德島州最陡峭的山丘，這樣等到比賽那天，站在滑雪山腳下的那一刻，才不會太令人卻步。等到我們上場的時候，一起克服可怕的障礙和長達五個小時的奔跑，會產生比平常更多深刻連結的機會。到了比賽的第三個小時，你會面對自己對高度的恐懼、對死亡的反思，並且以團隊為單位爬過泥濘和鐵絲網，所有原本心中阻止你與別人建立連結的阻礙全都被消除了。對話會從對比賽表現的評論，不知不覺地過渡到對人生的反思。」

最強泥人賽的關卡是經過設計的，它以一些不尋常和具有挑戰性的方式，促使人們身體間的彼此連結。艾蘭解釋，「等你來到終點線前的『電擊療法』，」這個關卡會有數十根通電的電線從木框懸到泥巴上，「並把你們的手臂扣在一起，以便緩衝即將到來的電擊，你會感覺自己經歷了某種澈底的轉變——不只是以個人的身份，也包括身處集體中的一份子。」

當然，類似的原則也適用於登山健行、和一群不認識的人一起打籃球，或者和某個朋友或鄰居一起長途遛狗。關鍵是找到一個方法，讓你們在某個共同的身體經驗期間（或之後），一起反思這對於你們的意義為何。因此請試著找某個朋友、設定一段時間，接著就像是任何修行一樣，有意識地開始進行。不要只把重點放在燃燒卡路里上，而是在於你如何與冒險夥伴們建立聯繫。你可能會問這樣的問題：「那一刻是什麼激勵著你？」或「是誰教你該如何在艱難的情況下繼續堅持下去？」，這一切全都會產生額外的情感漣漪，到頭來，你的跑步夥伴可能會成為你哺乳或生病時來照顧你的朋友。而如果你與教練或運動團體的負責人關係深厚，可能還會要求他們主持你的婚禮，或參與這類的重大人生轉折時刻！比如說，我已經聽過不計其數的故事，是關於靈魂飛輪的教練如何為他們忠實的羊群提供儀式性的服務。

去自我中心化

透過健身要探索的最終目標，是關於如何讓你去自我中心化，而能專注於一個更大而相連的集合體的過程。二〇一二年一項由羅素．霍伊（Russell Hoye）、馬修．尼科爾森（Matthew Nicholson）和凱文．布朗（Kevin Brown）進行的研究顯示，即便只是低程度的參與團隊活動，也能增加個人的社會連結程度。雖然有明顯幫助的例子是像足球這類的團隊運動，但如果你曾經幫忙搬過家，組成一條搬運流水線、來回運送一箱又一箱；或是在急流泛舟時一起越過湍急的水；在尊巴（Zumba）課上盡情投入，在舞池中忘情跳舞，你或許也感受過這種聯繫感。當我們進入集體的節奏中，就能從孤立主義中被解放。在短時間內，我們彼此是一個個單獨的個體的謊言會被揭穿，我們會記起全然與彼此相連的感覺。這並不是說我們的個體性消失了，而是我們不再被個人主義所蒙蔽雙眼。這就是運動社群可以培養歸屬感的原因，那曾經是宗教組織的功能——會眾一起唱歌或是一起跳蘇菲旋轉舞（伊斯蘭蘇菲教派的重要儀式和修行方式）。

「十一月計畫」（November Project）是一個認真實踐去自我中心化的健身社群。特別的是，他們建立了一種當責的文化，參與者剛開始是為了自己進步而加入，到最後卻變成是為了彼此而出現。這一切都始於二〇一一年，當時都是東北大學校友的共同創辦人布羅根・格雷罕（Brogan Graham）和博揚・曼達里奇（Bojan Mandaric）承諾彼此，在一整個寒冷的十一月，每天早上六點半都會一起訓練。這個習慣一直持續下去，很快地周圍朋友們也開始加入。從波士頓開始，現在已經發展到全球的四十九個城市。「為了彼此出現」正是讓十一月計畫得以奏效的核心，畢竟有誰真的想在早上六點半、不論當天下雨、多冷或甚至下雪，都得在體育場臺階上跑上跑下？

十一月計畫為參與者制定出兩個關鍵的儀式，好讓他們可以繼續以彼此為中心、並對彼此保持忠誠。他們每週會選出為這個社群和整個城市帶來最大貢獻的人，並頒發代表「積極獎」（Positivity Award）的一根禮儀棒。這根禮儀棒是用鋸下來的划船槳製成，象徵了水面下難以看到的工作：駕駛小船、變換方向或讓大家都能浮起來等。每次頒獎的時候，得獎的人都會受到極熱烈的歡呼，以及數十個或上百個出席者的擁抱，經常出現喜悅和感激的淚水。

但這個激勵的胡蘿蔔還只是故事的其中一部分而已。如果夥伴們答應彼此自己會出現，但後來卻食言了，他們的名字就會在網站上公開列出，並附上一條（出於愛的）當責提醒。以下是紐約的瑪麗的例子，上面有好幾張瑪麗的照片，因為她沒有出現，留言上面寫著：「瑪麗，昨晚你傳簡訊對艾麗莎口頭承諾說，你會跟她碰面一起去跑步。但當她又冷、又濕、悲傷地站在你家門口時，你卻始終沒有從舒適又溫暖的床上出來……我們想說的其實是**我們今天很想你！！！！**今天比平常更沉悶了點，因為在這個陰雨濛濛的日子裡，我們看不到你那張閃耀光芒的臉蛋。」

這些做法其實沒什麼新奇的——雖然將圖片貼在組織首頁上可能算是創舉。幾個世紀以來，社會聲譽一直是社群中推動人們出席率的關鍵因素。這個行為代表了對群體的承諾，而非出於個人的利益。儘管會眾的聚集達到了敬拜上帝的目的，它本身卻也達到了社會學的功能，讓個人去中心化、以某樣更大的事物為中心。這種超然且公共的觀點，是讓團體任務得以成功的因素，比如收成作物、建造穀倉、撫養孩子，以及埋葬死者等。在「十一月計畫」中，特別活躍的團體每週會見面三次，提供了以相互依賴為基礎的類宗教生活方式。積極獎和幽默的當責提醒，都只是防止自私，並加強彼此連結的工具。

在所有這些去自我中心的實踐中，最該注意的是，一個強大的社群不應該否認個人的個體性，否則社群就會變成邪教了。比如說，在本章中介紹過的健身團體中，參加者可以自行設定速度或體重，或是訓練的強度，這些都可以看得出個人化。在體育場臺階上跑上跑下，有著某種統一的一致性，但在十一月計畫卻可以選擇只完成半階就好、在體育場裡從右邊跑到左邊，或者對於特別有野心的人，還可以再從左邊跑到右邊。在靈魂飛輪裡，騎士們每個人都可以設定自己的訓練強度。教練可能會邀請他們「加快速度」，但最終的選擇仍然取決於每個人。這正是一個健康、富有意義的健身團體的指導原則：一個社群的蓬勃發展，來自於每個成員都茁壯成長。沒有人會被強迫得放棄自己的身份、技巧或是信心。

當然，十一月計畫、最強泥人賽、靈魂飛輪和混合健身都只是地圖上的幾個據點。從花式跳繩俱樂部、啦啦隊到鐵人三項賽，從斯巴達障礙跑、橙色理論（Orangetheory）健身房到「果凍上籃家族」（Jelly Fam）、九〇年代的銳舞文化、地下交際舞場等——每項活動都有助於人們透過具體的體驗與彼此聯繫。在安吉和我研究《我們如何聚在一起》時，另一個體現了透過運動與他人連結、和健身相關的社群則是舞蹈。

「破曉者」（Daybreaker）和「晨舞派對」（Morning Gloryville）會在大清早舉辦狂歡宴會。這兩個特別的團體，顯示人們如何在世俗的現代空間裡參與傳統的神祕儀式。在工作前喝著果汁，上百位千禧世代的年輕人們隨著出色的音樂狂熱起舞，所有人都是澈底清醒的、沒有喝醉。吸引人的其中一部分是雕塑身體的願望，但最主要的重點還是在於快樂。參與者們形容自己感到備受鼓舞和充滿活力，因為他們的身體會釋放令人興奮的多巴胺和其他讓人感覺很好的化學物質。當我在喬治亞的斯瓦涅季（Svaneti）地區學習民謠音樂，參與他們傳統的繞圈舞時，也感受到了同樣的連結。事實上，英國作家赫胥黎（Aldous Huxley）也認為舞蹈對人類文化來說特別重要。神聖的舞蹈根源已久，從印度教（Hinduism）、神道教到美洲印第安文化，舞蹈被當作禱告或重現神話的一種方式。「儀式舞蹈提供了一種宗教體驗，比起其他任何體驗似乎來得更令人滿足與信服，」赫胥黎曾寫道。「透過肌肉，是人類最容易獲得神的知識的管道。」

準備好了嗎？社群很美好，也很可怕

但在與他人建立連結的同時，記得聽從社群前輩的明智警告——尤其是我的英雄范尼雲（Jean Vanier）。他創辦了國際性組織「方舟之家」（L'Arche），致力協助當地智能障礙者生活。方舟與其他如坎普希爾運動（Camphill Movement）之類的團體會以社群為中心，讓每個人都有責任服務彼此，而非只是病人與醫護人員的關係，這代表每個人都得以自己能做到的方式有所貢獻。對工作人員來說，就是做好分內的工作：記帳、清理、照護、規劃探訪日……等等，同時也包括籌備戲劇演出和帶領夥伴唱歌。而對有學習障礙的方舟成員來說，則是整理花園、準備餐點、迎接客人、鋪桌子或是烤要販賣的麵包。每個人都會照顧彼此、互相尊重彼此和社群。

來自世界各地的志工會在方舟之家裡一起生活、工作，初衷是希望幫助障礙者。我立刻就察覺到，這是很高尚的本能。十幾歲的時候我也有同樣的想法，希望幫助有需要的人（《哈利波特》的妙麗也是，她總是試圖想幫助家庭小精靈）。但從方舟之家的例子來看，顯然這樣的本能只解釋了一半。透過和那些明顯需要幫忙，且經常以擁抱或對話毫無保留地展現自己對連結渴望的人們生活在一起，新進志工們得走過面對自己的脆弱面，還有對愛與歸屬深切渴望的階段。

我所讀過最重要的書中，范尼雲的《社群與成長》（*Community and Growth*）是其中一本。他寫道，當我們進入社群的時候，會發現愛的溫暖很激勵人心。這種歡迎的感覺會讓我們卸下防備和屏障，在彼此面前變得更加脆弱。我們會進入一段交流和喜樂的時光。而他又寫道：「但接下來，我們因卸下防備而變得脆弱，也會發現社群是個可怕的地方，因為它是個建立關係的地方。社群會揭露我們受傷的情緒，讓我們想起跟別人一起生活的痛苦——尤其是特定的某些人。跟書本和物品甚至電視和貓狗生活在一起，實在容易多了！自己一個人生活，只有在自己想要的時候才為別人做些什麼，實在容易多了。」聖若瑟修女會修女蘇．默絲樂（Sue Mosteller）曾在方舟之家生活長達四十年，為此下了簡單的註解：「社群是世界上最**美好**，卻也是最**可怕**的的東西！」

加深連結的勇氣

「每個人都有被接納或拒絕的經歷，以及因父母留下的內在創傷與創痛史，每個人都全然不同。」范尼雲曾寫道。「但每個人心裡都會有交流與歸屬感的渴求，卻也同時感到害怕。」儘管我們渴望與其他人的連結與愛，這卻也是我們最害怕的事。與他人連結與愛意味著要冒著敞開脆弱的風險。我們擔心自己被關係束縛、擔心創造力會受損。我們想要歸屬，卻又害怕為了歸屬得做出的小小犧牲，因為我們得為周圍的人縮減自己的空間。我們希望自己是特別的、不同的、獨特的。我們害怕會被要求遵守紀律與承諾。但在孤單的時候，又發現恐懼跟保持疏離的代價實在太大了。如今是社群的時代，也是連結的時代。

在我們的生活中，已有著可以更豐富、更深化的連結和社群：一起去看電影的朋友、五人制足球隊、家長會、鄰居和親戚。何不參考古老的傳統，選擇上述的其中一群，許下承諾要在來年與他們聚餐六次；或加入以社群為導向的健身團體或跑步社團；或上網搜尋各種聚會，選擇五個離你比較近的去參加，即使你對此不抱任何期望。

跟朋友用餐的時候，請記得遵循普莉亞·帕克（Priya Parker）在其作品《聚會的藝術》（*The Art of Gathering*）中的建議，通過分享刺激、略微挑釁的想法或故事，卻不要求其他人過於自我揭露，就能製造一些正面討論。就我的經驗來看，幾乎所有真心想建立社群的嘗試都很受歡迎，因為人們天生歡迎這樣的聯繫。

第三章

與自然連結

當我們跟大自然連結的時候，能深化對於「我是誰」、「我屬於哪裡」的意識。被大自然包圍時，往往能讓我們記起真正重要事物。高峰體驗[11]會帶來一種壓倒性的敬畏感，以及瞬間產生人生意義的體會。我們經常在大自然裡感受到深刻的感動，感覺跟自己周圍的一切相連。置身在大自然裡，能夠重新聚焦我們的優先順序，遠離自我涉入、苦悶和絕望，並打開新的可能，以及更強大的同理能力。對那些掙扎於嚴重憂鬱症的人來說，大自然甚至能做為復原的核心支柱。本章會探討如何加深我們與自然之間已存在的連結，好讓我們可以在世界上真正感覺怡然自在。我們會探討三種古老儀式：朝聖、慶祝四季，以及重新感受跟世界的距離。

我們比想像中更急迫需要這些儀式。如今世界上有一半以上的人口住在都市地區，而在三十年內，比例將會提升至將近七成。根據一項二〇〇一年美國環境保護署公布的調查結果，美國人在戶外的時間平均只有七%。隨著我們越來越把生活移到室內，連工作和娛樂都在螢幕前，科學家發出警告，我們正在進入一個「大自然缺失症」（Nature-deficit disorder）的時代。由理查・洛夫（Richard Louv）提出的「大自然缺失症」，描述了人類疏離自然得付出的代價，當中包含五官的使用變少、注意力不集中，以及更高的罹患身心疾病機率。

這其實是相當奇怪的。我們的祖先建構生活和意義的系統，基本上是由周圍的自然世界形塑而成。他們崇拜的神靈，深受所居住環境的影響。他們的儀式會以容易取得的動植物為主，而他們所許的願望也都跟有益的天氣、健壯的畜群或是良好的收成有關。由於日常生活和其所處的自然環境如此緊密的交織，很難想像有一個分離的「自然」概念。即使在都市文明化與工業化後，人類仍然會慶祝季節的變換，他們對神聖天堂的想像宛如走進語言的花園，仰望夜空尋求占星術的指引。直到今天，我們都還可以汲取這些傳統來豐富自己的連結體驗，走向更充實的靈性生活。

並非只有傳統宗教對我們與大自然的連結感興趣。科學家們也得出結論，身處大自然與身心健康習習相關。根據一篇二〇一七年發表在《科學報告》（*Scientific Reports*）上的論文，小溪輕柔的潺潺聲或者樹上的風聲都會讓你的神經系統進入放鬆的狀態，數

⓫ 高峰體驗（Peak Experience）是由心理學家馬斯洛提出的概念，指人們在追求自我實現的過程中，所感受到的短暫的、豁達的、極樂的完美體驗。

據也顯示，定期親近大自然的人較少服用抗憂鬱藥物。更常親近大自然的準媽媽，會生下更健康的寶寶，而且植物甚至可以增強免疫系統，以預防疾病的發生。

二〇一五年史丹佛大學的一項研究證實，與那些在都市裡走路的人們相比，在自然中散步九十分鐘的人，大腦中與精神疾病相關領域的神經活動相對不活躍。其他研究則顯示「森林浴」，也就是在森林裡度過一段時光，對引發人類的幸福感有著多重正面效應。由於城市居民如此渴望能親近大自然，以致於像田納西州「黑莓農場」（Blackberry Farm）這樣的組織如雨後春筍般出現。該農場受到日本森林浴的啟發，推出一項森林深度療癒計畫。還有像「逃離」（Getaway）這樣的新創公司也一直在成長，該公司提供位在自然環境裡的迷你木屋（房裡還有可以把手機鎖起來的密碼箱）。他們的目標在於提供一種「回歸自然，沉浸在森林的魔力中，並促使我們反思關於無聊、獨處及無特定規劃時間的有趣之處」的體驗。事實證明，這項服務特別受到年輕的都市人歡迎，他們很願意用金錢換取美麗的自然環境。事實上，越來越多的都市青年想找到去戶外活動的理由。去年《紐約時報》報導，飛蠅釣[12]是最新流行起來的老派嗜好。

森林是我緩解壓力的避難所。我在英國東南部的亞士頓森林（Ashdown Forest）長大，我們的花園座落在一條通往林地的小徑盡頭。在我八、九歲的時候，我會在蕨菜和散落的樹枝上搭建小屋。小時候，有一次我極為憤怒，因此打包了一小瓶牛奶、一條麵包，還有我的小提琴（我打算靠小提琴賣藝維生），跑進森林裡，打算永遠不再回來。不意外地，森林很快地讓我平靜下來，一個小時內我就回家了。

親近森林很好，但即使是一棵樹也能感動我們。你可能還記得這則軼事：澳洲墨爾本為整個城市的樹木設置了電子郵件，以便市民們可以回報樹木倒塌或是其他問題。然而，最後卻收到上千封來自市民寫的情書，收件人是他們最愛的樹。以下這封信的內容相當經典：

親愛的綠葉榆樹，

我希望你喜歡住在聖瑪麗，大多數時候我也很喜歡這個城市。我就快要考試了，我應該要忙著讀書了。顯而易見地，你不用考試，因為你是一棵樹。我跟你之間其實沒有

⓬ Fly Fishing，一種釣魚方法。

太多能聊的話題，因為我們沒有太多共同點，而你又是一棵樹之類的。但我只想說，很高興此刻我們在一起。

也許有點傻氣，但是最後一句話——「此刻我們在一起」，就是本章提供的個人儀式希望讓我們記起的那種連結——我們沒有跟自然分離，我們就是自然本身，而且我們跟自然緊密同在。

朝聖的藝術

朝聖有各種形狀和規模。

我們幾乎所有人都有從一個地方移動到另一個地方的經驗。我們會上班、上學或拜訪親朋好友。我們可能會遛狗、遠足或是去最愛的咖啡店買杯好喝的熱巧克力。不時地，我們會到某個富有意義的地方旅行。我們可能會在休假時拜訪遠方的朋友，去某個所愛之人的墓地，或是去看最愛的樂團或歌手的演唱會。然而，以上這些遠離自己家的小旅行，是否能夠成為神聖儀式的基礎？

我相信可以。畢竟，朝聖就是徒步走到某個特別或神聖之地的轉化之旅。透過帶上這三樣行李「注意力、目的性和重複性」，就能深化其中的某些旅程，讓它們成為朝聖之旅。

朝聖，在我們的想像中常是宏偉而艱鉅的旅程，有部分原因是來自於知名的宗教朝聖的緣故！世界地圖上遍佈著許多古老的朝聖路線。每年有超過三十萬人會走上西班牙朝聖之路「聖雅各之路」（El Camino de Santiago）。據統計，二〇一三年有超過一．二億的印度教徒參加大壺節[13]，並沐浴在神聖的恆河裡。但也許如今最著名的朝聖是追隨先知穆罕默德腳步、每年有將近兩百萬穆斯林前往的朝覲[14]，朝覲是所有健康和經濟許可的穆斯林的神聖義務，旨在促進跨地域和社會地位的團結紐帶。

然而，朝聖的定義不是根據距離，而是轉化。根據我們的需要，生活中的「朝聖之

[13] Kumbh Mela，印度教宗教活動，大約每隔十二年舉行一次。

[14] Hajj，指世界各地的伊斯蘭教徒前往聖城麥加的朝聖之旅。

旅」規模可大可小。我想到人類學家維多（Victor Turner）與伊迪絲・特納（Edith Turner）對聖城麥加（Mecca）和麥地那（Medina）的定義：「人們相信奇蹟已經發生、仍會發生，並且可能會再次發生的地方」。

任何規模的朝聖都遵循相同的架構，包含以下三個階段：首先是設定目的或目標，可能是治癒、紀念失去、請求原諒、探索新生活或過渡期，或者重新感受快樂，甚至可能單純只是想冒險——可能創造出意料之外的新想法、友誼或經驗。

第二個階段則是旅程本身。步行的過程、腳底的水泡、壯闊的景色、連綿不斷的雨或烈日。在辛苦與乏味之後，最後我們迎來奇蹟的魔法時刻，這就是第三個階段。路上偶然相遇的對話，以及在抵達與返回之間途中的經歷，將融入到我們的生活中。我們會替旅途中的照片裱框，會談論這趟冒險經歷——也許我們還能找到一個定期朝聖的機會，時時重溫。

英國朝聖信託基金會的共同創辦人威爾・帕森斯（Will Parsons）和蓋伊・海沃德（Guy Hayward），了解朝聖這門古老藝術的一切。尤其是威爾，他發現了一段美好朝聖之旅的古老祕密。他是個現代吟遊詩人，十五年來，他走遍英國的都市小巷和林間小路，他會在森林裡露營，並讚頌他的晚餐。他認為：「你隨時都可以朝聖，不論是走在偉大的路線上，還是從你的後門出發。」早在二〇一六年，我曾加入威爾和蓋伊當天來回的英格蘭牛津周邊鄉村朝聖之旅。我們從鎮中心步行出發，把繁忙的街道拋諸腦後，沿著泰晤士河向北走，我們的目的地是位於賓西村（Binsey）外的一座十二世紀教堂。我們的目的很簡單——在會議室裡工作幾天後，只想好好伸展雙腿。很快地，遊客和小鎮就在我們身後了，取而代之的是，我們在小徑上的樹籬裡奮力跟各種荊棘與雜草對抗。

用步行的方式，而非開車或騎自行車，讓我們得以一種輕鬆的節奏，融入周圍的風景中。我的朋友聖公會牧師瑪麗莎·埃格斯特羅姆很喜歡說這是「以嗅覺的速度」在旅行，就像一隻充滿熱情的狗，在路上的各種有趣景象和氣味，都在邀請我們進一步探索。我們的呼吸慢了下來。我們能夠專注當下。

朝聖是一種多重感官的體驗。重點在於碰觸、近距離觸摸、觀看、嗅聞、聆聽，甚至品嚐周遭的土地。事實上，在亨利八世推行英格蘭宗教改革幾年後，頒發了一項禁止親舔聖壇動作的命令——證明了當時仍有許多人們在做這件事。顯然，朝聖之旅也包含了我與周圍世界的親密關係！威爾鼓勵我們搜尋路上可食用的果實，並隨身攜帶一瓶熱水，當我們找到蒲公英葉或可食用的藥草時，就能自製一杯朝聖茶。他解釋：「這是另一種與世界連結的方式。」

在我們走路的過程中，威爾也鼓勵我們找一根棍子當成朝聖者的手杖。威爾解釋：「拿著棍子的感覺很不錯。這是人類最古老也最重要的用具之一。想想歷史上曾出現過的手持工具——鐮刀、權杖、長矛、播種器、弓還有釣竿——你就會開始了解，為什麼它在你的手中會感覺如此自然。」而這也是一種真實的邀請，把自然掌握在我們的手中：找到合適長度和粗度的棍子，讓我們在穿越田野或森林時更能感覺與自然融為一體。手杖是完美的道具，它可以推動我們前進、支撐我們沉重的背包，並對全世界說：我們是朝聖者！（而且誰想錯過扮演甘道夫[15]的機會呢？）

如果你認為傳統的寫日記和正念練習對你沒用，那朝聖會非常適合你。記者卡琳·克萊因（Karin Klein）解釋為什麼步行對她有用，她在雜誌專欄中坦白寫道：「我實在沒辦法進行那什麼狗屁打坐，坐那麼久，還要一直注意我的呼吸或什麼想像中的白光，反而讓天生沒耐性的我變得更煩躁。相比之下，徒步健行輕易地就讓我進入大家現在最想進入的『當下』狀態。」身為一個徒步健行者，必須時刻注意自己身在何處，以及周圍的狀況。如果他們稍微分心，就有可能絆倒或碰上比如毒橡木和毒藤等惱人的事物。「小徑本身是一條多感官體驗的環境，邀請我們觀察野花、聞聞香草、聽聽鳥叫聲與灌木叢中竄來竄去的小動物的沙沙聲。」克萊因指出在戶外活動的諸多好處，比如說，被植物包圍已經被證實可以讓人放鬆與平靜。如果你發現自己無法用語言形容正在經歷的感受，那麼朝聖也可能很適合你。我們可以用走路而非說話，來度過自己的低潮狀態。我知道有一些團體會用走路、步行陪伴成員走出親人去世的悲傷。

讓我們回到牛津那條小路上，不久小路就將我們帶到了目的地，賓西村外的小教堂。當我們踏上朝聖之路時，是走在前人的足跡上，因此這片土地本身就被故事層層包裹著。威爾告訴我們聖女費德維（St. Frideswide）的非凡故事，她是這座教堂紀念的對象。她出生於公元七世紀，擁有一個修道院，並發誓要終生獨身。鄰國國王阿爾加想娶

⓯ 英國作家托爾金（J.R.R. Tolkien）的史詩奇幻小說《魔戒》（*The Lord of the Rings*）中的虛構人物，形象是拿著手杖的灰袍巫師。

費德維為妻，但她拒絕了，國王勃然大怒。相傳這位女修道院長因此逃到牛津，當地人把她藏起來，以躲避暴怒的國王。當國王在鎮上大肆找人時，突然其來的頭暈目眩讓他暫停了搜查，讓她得以安全返回修道院，重新與她的修女生活在一起。在她去世數百年後，在亨利八世宣布解散修道院期間，因為所有的文物都被摧毀，她的遺骨也被扔進了河裡，聖女費德維再次陷入了危險之中。但是曾經保護過她的牛津人，把骨頭從水裡撈起，再次救了這位聖女。

費德維的故事，讓周遭的風景變得栩栩如生。田野不再只是單調的連續風景，相反的，全都化身為舞臺劇的背景，那條小路和河流因歷史而閃著比平常更耀眼的光芒。這裡會不會就是她的骨頭被從河裡撈出來的地方？幾百年前，她會不會就藏在這片樹林裡躲避搜查？不過，你其實不需要偉大的聖人故事才能讓某片風景活起來。偉大的愛與失落、復仇與遺憾的故事，其實隨處可見。即使是最不起眼的鄉村風景也充滿了故事。發現真實的歷史、家庭故事、童話或當地傳說——這是朝聖的其中一個目標：重述甚至重新創造能讓靈魂與土壤深刻相連的故事。電影製作人菲爾・柯西諾（Phil Cousineau）寫道，朝聖的存在是為了幫助我們「記起你忘在家裡的奧祕」。以俳句聞名的日本詩人松尾芭蕉（Matsuo Basho）曾談到「微光一瞥」，那是潛伏在刻板印象和麻木表面之下的真實體驗，可以讓我們看到充滿生命力的生活，深刻的現實和真實的自己。

當我還是個孩子時，我們當地的合唱團指揮在英國四處徒步旅行，幾乎環遊了整個不列顛群島。他從高聳的懸崖走到工業區，途中所收集的故事為他居住的土地賦予了生命。這就是我們能讓風景恢復生機的方式，只要走過它們、聆聽它們的故事。我的 Podcast 節目共同主持人凡妮莎，多年來帶領許多朝聖者前往「朝聖」那些激發作家靈感的風景，包括《小婦人》（*Little Women*）的作者露意莎・梅・奧爾柯特（Louisa May Alcott）、《簡愛》（*Jane Eyre*）的作者夏綠蒂・勃朗特（Charlotte Brontë）和維吉尼亞・吳爾芙（Virginia Woolf）等。經由走過她們居住過的土地，為閱讀作品的我們打開了新的洞察。

終於，我跟威爾和蓋伊的朝聖來到了終點，聖瑪格麗特教堂（St Margaret's Church）。但在這趟朝聖之旅中，我學習最多之處並不是教堂。站在聖瑪格麗特教堂外，我們並沒有直接走向教堂門口，反而是停在一棵巨大的紫杉樹前，它本身已經有超過三百年的歷史，就長在教堂隔壁。常綠的樹冠投射下一道長長的影子，聳立在我們頭頂。在這裡，威爾邀請我們重新連接我們的目的，也就是讓自己離開會議室，走進野外。接著他指示我們繞著樹走三圈。乍看之下這有點奇怪，卻讓我能從每個角度欣賞這棵宏偉的樹，而走到第三圈的時候，我已經感覺自己跟這棵樹、還有它所聳立的這個地方有某種關係。我很想觸碰它，於是我摸上它凹凸不平、覆蓋著樹皮的樹幹，給它一個大大的擁抱。

這種繞行是很常見的精神實踐，能把任何旅程都轉變成朝聖之旅。透過在目的地周圍重覆循環，我們能創造出一個「神聖的中心」，用整趟旅程尊崇我們放在中間的事物。就像踏上日本朝聖之路「熊野古道」的朝聖者們，他們的目標也不是為了登頂，而是著重在山中的神社和佛寺間穿梭；又或者在伊斯蘭教徒會在伊斯蘭教中最神聖的地方——麥加大清真寺內的天房（Kaaba）朝覲時，繞行天房七次。繞行時讓我們可以看清目的地，以及所崇敬的物體的每一個角度。

最後，威爾帶我們走到紫杉樹旁的噴泉。在那裡，我們將水裝滿了自己的瓶子，而他為生命之泉——水，吟唱起祝福：

水在流動，生命被賜予，
從大地升起，從天降下，水流如歌，
祝福聖泉。

當我們回到家時，我已經看過、摸過、聞過、聽到，甚至嚐到了走過的風景。這再也不是一張優雅的英國鄉村明信片風景。它有著一種野性，現在在我身上也有一種被喚醒的野性。我再也不會被白板和筆電螢幕囚禁了！

透過朝聖，關於我們是誰、屬於哪裡的新可能性就會浮現。徒步踏上朝聖之旅就像是生活在未知裡。一切都是新的，即使你之前已經看過。當你在徒步過程中，為它注入開放性，以及敏銳、善於觀察的態度，從前你走過的路也可以變成一次小型的朝聖。徒步會讓表象出現深度，你會感到疑惑、回憶、提出問題。當我們與被遺忘的風景相連時，也會跟自己身上被遺忘的部分相連。做為朝聖者，我們會記起**真正**待在某個地方的感覺。梭梅也表示，當我們意識到自己在大自然中有所歸屬時，無論此後身處何地，我們都能感覺到家。

現代朝聖之旅不僅有各種形式和大小，通常都帶著富有某種意義的目的。這就是朝聖為何是重新與大自然連結的寶貴工具的原因：朝聖的目的地和旅程，都可以發生在教堂之外。我的作曲家朋友布倫丹・塔夫多年前立下一個習慣，每年都會去山裡獨自健行幾天。每一次，他都會帶著同一本詩集，找一個沒有人會聽到的地方，對著周圍雄偉的山峰和岩石峭壁大聲朗讀整本詩集。

當然，獨自徒步也會伴隨著安全上的問題，尤其對女性而言，因此一起朝聖會是另一個值得嘗試的選項。我曾和我的冒險夥伴卡羅琳・霍依一起前往愛爾蘭的西海岸，去參觀詩人約翰・奧多諾赫（John O'Donohue）之墓，我想以他為主題寫我的神學院論文。當時，卡羅琳的腳踝受傷了，還在恢復中，我們一邊享受著愛爾蘭溫柔（且永遠存在的）雨滴在我們臉上輕撫，一邊推著坐在輪椅上的她爬上巨大的山丘，這對我來說是很美好的回憶。我還記得我們一起摘花放在他的墳墓上，這件小事豐富了這趟旅程。

朝聖者也有各式各樣的形式與規模。當我在做《我們如何聚在一起》的研究時，安吉和我發現「千禧世代列車計畫」（Millennial Trains Project，MTP）就是一趟現代朝聖之旅。該計畫會帶領二十名左右的年輕領袖，參加這趟橫越整個國家的火車之旅，以了解社會企業的精神，重新審視那些被視為「鏽帶」的衰敗工業城市群。MTP有助於將自然風景與城市結構融合在一起，並提醒大眾市中心外圍這塊極容易被遺忘的腹地。雖然這趟朝聖之旅是搭火車而不是步行，卻仍然是一段強大、充滿精神力量的旅程。我們第一次採訪MTP的創辦人派翠克・道（Patrick Dowd）時，他十分熱切地強調這趟旅程的世俗性質。但隨著我們的對話進行，他開始沉思：「好吧，我猜我們離站時，確實有人祝福了火車。」我們會不自禁的被旅程所改變，帶著新的好奇，帶著對經過風景的關懷回來。

朝聖可以在任何地方進行：在沙漠中遠足、漫步在城市的街區、一個人到落磯山脈露營，或週末到寵物公園去——重點在於我們出發之前，得先設定好「目標」，時時「留意」你周遭的自然世界（可以的話，用上所有五感），並帶著「新的視角」再次回到家。或許只有在朝聖之旅的尾聲，經過許多的準備和艱辛的旅程後，才能夠開始談論我們與自然的關係發生了什麼改變。自然是否在對我們的渴望說話？是否重新連結起我們在日常忙碌中經常失落的內在完整性？我們是否同時感受到撫慰和考驗，出於深刻的歸屬感？

發揮創意的權利

將住家附近的短程步行視為朝聖之旅，似乎有點不尋常。使用「朝聖」這樣的字眼，會讓人感覺像是我們正在利用一些傳統的事物，並且太快地改變它的意涵。這其實是錯誤的理解。那些反對變革的宗教領袖，經常會把「傳統」與「慣例」混為一談；他們總認為能實現某個特定目的的方法，就是唯一的方法。對此，學者馬克．喬丹（Mark Jordan）曾開玩笑說，每當有人援引「古老的傳統」時，指的幾乎總是他們小時候經歷過或聽說過的事情。當代靈修大師多瑪斯．牟敦觀察的很透徹，他寫道：「從表面上看來，慣例和傳統可能是同一件事，但這種表面上的相似，只會讓墨守成規造成更大的傷害。事實上，慣例是傳統真正的死亡，因為它們是所有真實生活的死亡。慣例是寄生蟲，寄生於傳統活著的有機體，吞噬所有現實並把它變得空洞。」這正是許多神聖活動所發生的情況。

牟敦寫道：「傳統是活生生且積極的，但慣例卻是消極而死氣沉沉的。」雖然我們只是被動地被接受慣例，並做為例行公事遵循，我們卻必須努力理解傳統。牟敦認為

「墨守成規很容易成為對現實的逃避」，因為我們可以習慣性地完成儀式，那感覺就像是夢遊。我們沒有意識到行為的意義或關聯性，我們其實是無感的，只是在做之前幾代人做過的事情，卻沒有任何疑問。很快的，這些儀式就會變成一些乏味的手勢和例行公事。這就是我一直以來對教會的看法——令人想睡且無關緊要：人們聚在一起，做他們一直在做的事情，卻無法解釋這意味著什麼，或這麼做的原因，更不用說這些儀式究竟改變了他們什麼。

對牟敦來說，傳統和例行公事是**完全相反**的！他寫道：「傳統教會我們該如何生活，並告訴我們如何為自己的生活負起全部責任。」傳統當然總是古老的，但同時也總是新的，因為它永遠會在新世代和新的歷史脈絡中重生。傳統總是能以一種新的和特殊的方式被生活、被應用。「傳統能滋養精神生活；慣例只能掩蓋它內部的衰敗。」

因此，傳統本質上就是有創意的，而這種創造性精神啟發了我們，能夠把像朝聖這樣古老的東西轉變成一種與牆壁、人行道和路燈以外的空間相連的方法。這並不是全新的想法：哲學家和散文家亨利·梭羅（Henry David Thoreau）曾寫道，「每一次行走都是一種『十字軍東征』。」他最出名的事蹟就是透過每天在大自然中步行數十英里解決寫作的瓶頸。如果你擔心無法區分「有效的、有意義的實踐」與「在公園裡隨意散步」，可以參考拉比歐文．庫拉（Irwin Kula）的提醒：每一個傳統都曾經是一種創新。靈魂天生擁有自由創造和發明的權力，我們紀念死者、慶祝生命、歡迎孩子來到世界的方法，就跟世上的人類數量一樣多。僅僅因為某些事情已經以某種方式進行了一段時間，並不代表它們就永遠不能有新的發展方式。重要的是，你所做的事情是否讓你感覺活著，是否讓你在這四個層面與自己、與他人、與自然、與宇宙相連。我們有權創造出新的做法、改造舊的實踐，並將它們混合在一起。我們也有權肯定自己做過的事，並將之視為我們精神生活中有意義的線索之一。

「儀式設計實驗室」（Ritual Design Lab）的共同創辦人庫爾薩特．奧森克（Kursat Ozenc）也提出了類似的建議。他解釋說，我們每個人都可以在自己的生活中進行儀式性的觀察，以發現我們如何形成一種奇蹟習慣。「注意你周遭自然而然發生的事情，成為一位以你自己為研究主題的民族學者。」他說，「也許有什麼你很喜歡做，但尚未被命名的事，你可以通過記錄你做的流程來強化它。或許它是過去做過，而你想讓它重新復甦的事情，或是你可以以它為基礎再擴增的小習慣。」也許是週末時步行到湖邊、樹邊或大石頭邊，或者你會去探訪某個年長親戚並採訪家族故事。或者每天早上通勤時，你可能會試圖發現一種新的植物或動物。

偶爾我出去跑步時，會努力把掙扎進行的工作（運動）變成帶來意義和連結的機會。如果慢跑的道路上有一片樹蔭，我會仰望樹枝，對宇宙說：「為了生命的榮耀！我是為你而跑的，樹呀！」聽起來很荒謬，但請務必試試看！天氣好的時候，這樣做完全可以振奮我的精神，讓我跑步時從頭到腳都快樂無比。如果擔心路人的眼光，就仰望天空默默地向它表達愛意吧，這樣總會引出我的敬畏和感激之情——而敬畏能夠讓我們找到自己的定位。我要跑遍這世界！這是何等的偉大！

慶祝四季流轉

與天空和土地的連結、與四季的自然循環的連結，在當今現代與都市文化中正在逐漸消失。當然，大多數人們仍然有配合季節飲食的習慣。我們可能會舉辦夏季烤肉大會或滿月圈，以自己的方式紀念一年的時節。在赤道的兩邊，季節的循環塑造了一切，從經濟發展到學校假期的時間安排。但現實是，我們仍然需要努力適應季節週期，最大的原因是忽略季節很容易。我們有空調和電熱毯，而且只要我們想，隨時都可以買到酪梨。（雖然無視自然循環，但為此我們深表感謝！）這些便利性也意味著我們在很大程度上可能忽略了剛綻放的雪花蓮，或日本楓樹因變紅而絢爛奪目的葉子。雖然偶爾可能會需要鏟雪或擦防曬霜，但在多數情況下，我們總是按照自己的時間表計畫工作、旅行、健康檢查和家族聚會的時間。這種方便的生活方式，卻會讓許多人與自然脫節。如果我們的生活失去了節奏，就會失去精神上的感知。事實上，僅僅是簡單地慶祝不斷變化的天氣模式和季節性慶典，就能讓我們與自然恢復和諧關係。

重點是「重申」，你或許已經用或大或小的方式紀念逝去的季節。但我想邀請你加深現有的做法，並發現新的做法，以與自然連結。對大多數人來說，問題在於我們越來越少接觸大自然，但好消息是我們還沒完全與它斷絕。根據你所住的地方，紀念四季的方法可能會包含標記春、夏、秋、冬的開始，或是慶祝雨季和旱季的到來。在早期的宗教裡，人類就已經在慶祝環境發生變化的節慶——收穫祭、祈雨舞，以及被視為世界末日的「日蝕」等等。

我很早就學會如何標記季節。在我的家鄉，我們會在九月二十九日慶祝米迦勒節（Michaelmas），象徵著秋天的開始。我們會製作紙燈籠、用水彩裝飾厚紙板，然後把每個燈籠固定在一根長棍子上。當夜幕降臨，我們會點燃燈籠裡的蠟燭、走在街上唱歌。在復活節前一週的棕櫚主日（Palm Sunday），我們會烤公雞形狀的麵包，並將兩根棍子連接在一起，用成串的水果和糖果裝飾它們。接著我們會一邊唱歌一邊走向索塞克斯（Sussex）的高爾夫球場（唱歌是我家的傳統）。在平安夜，我們會走過結冰的泥濘田野，在村莊農場的大牛棚裡提著燈籠聚在一起，在那裡我們會受到農場主人彼得的歡迎。樂譜會被四處傳閱，而在接下來的一兩個小時裡，我們會從一個圍欄走到另一個圍欄，對著各種農場動物唱聖誕歌。牛、豬、雞、甚至是蜜蜂都有季節性的問候小夜曲陪伴。唱完好幾節「降臨吧，以馬內利」和「聽天使高聲歌唱」之後，我們會在羊棚裡吃肉餡餅、喝熱葡萄酒、聽彼得讀聖誕節的故事。而在懺悔星期二（Mardi Gras）時，我們會盛裝打扮、烤鬆餅（因為這在英國非常普遍，這一天甚至俗稱為「鬆餅日」），並參加彩蛋平衡接力賽。

五月一日五朔節（May Day，人們會在這一天慶祝春天的到來）的時候，我們天還沒亮就醒了，向著荒野走去。當太陽升起，我們拿著一瓶熱茶站著，莫里斯舞者從樹後出現，開始隨著現場的手風琴音樂起舞。鈴鐺在他們的腳上叮噹作響，木棍以複雜的圖案相互碰撞，白色的手帕揮舞，提醒春天的到來。之後在學校，我們繼續慶祝五朔節，編織花環、在五月柱周圍跳舞——這項傳統我一直延續到今天。當我住在麻州的劍橋時，會在黎明前起床，前往河邊，清晨狂歡的人會在五月柱周圍載歌載舞，太陽則從查爾斯河上緩緩升起。我的朝聖夥伴卡羅琳和我共同主持過各種五月柱舞蹈，曾經有一年我們在城市公園舉辦派對，我對那年時速四十英里的風速印象深刻。五月柱本身必須由志願者舉起，而其餘的人則在它周圍歡快地跳舞，遛狗的人和帶孩子的父母也會一起玩樂。去年我到華盛頓特區旅行時，卡羅琳在圓環中間立了一根五月柱，多麼完美的城市地點！加上很多戴著皇冠進入跳舞行列的好奇路人，成了都市裡的一張傳統快照。

而在夏天，孩子們會在仲夏夜（Midsummer's Eve）聚在一起觀看一年中最大的篝火：聖約翰之火。我們會安靜看著畢業班走向枯木堆，齊聲吟誦一首詩，接著點燃巨大的火。當人群慢慢靠近火焰、火逐漸變小時，他們會唱歌。唱完之後，我還看過大一點的孩子們進行大膽的比賽：當深夜火勢逐漸減弱時，跳過火堆。傳統上，火的灰燼會被撒在農民的田地裡，以保佑他們來年的生活。

如今在炎熱的夏天，凡妮莎和我會去夜泳。在夏夜開車到我們祕密的游泳池，經過漫長的一天，身體出了許多汗，我們渴望水的涼爽和沙子的柔軟，渴望著澈底的煥然一新。脫光衣服後，我們就衝進泳池，高興地大叫起來，接著就是沉浸式的衝擊，感到我們正在復原！有時候，我們就只是靜靜地躺著仰望星空。雖然很多時候，我忘記帶隱形眼鏡，一切看起來都是霧濛濛的。但無論用哪種方式，我們的肩膀都會放鬆，當天遇到的任何問題似乎都消融在廣闊的水中。

自訂禮儀日曆

當我們挖掘對許多人來說已經消失的宗教文化片段時，也許可以考慮透過禮儀日曆，把慶祝活動標記為群眾的活動。這份日曆會標記著全年的節日和其他慶祝活動的週期，不只是提醒信徒宗教節日，也會讓他們在季節中定錨回歸。禮儀日立有種神奇的撫慰魔力，它並不像我們日常的行事曆，是以線性安排，並且一路向前。相反地，禮儀日曆是一個永無止境的循環。我很喜歡這種特點，這表示無論我在任何冒險或關係中成功或失敗，禮儀日曆和四季都會一次又一次地回歸。當然，這並不表示每次都會是相同的，因此將禮儀日曆形容為螺旋形可能會比圓形更適合。自然世界教導我們，生命是在天體規律中誕生的。儀式有助於調整我們的問題和抱負、損失和渴望。神學家亞歷山大．施梅曼甚至主張，遵守禮儀日曆可以發掘自我的力量。因為禮儀日曆充滿了節日，它能幫助我們自然的停頓，暫時遠離我們不斷奮鬥、不知倦怠的文化。他寫道：「現代世界已將快樂歸類為『有趣』與『放鬆』。在我們休息期間，這是合理的和被允許的。這是一種讓步、一種妥協。」但他也認為，我們已經不再相信慶祝和歡樂，與解決世界的嚴重問題有何關係。事實上，刻意按照禮儀日曆安排生活節奏，可能是解決我們每天面臨的問題的答案。對施梅曼來說，慶祝四季會產生力量、勇氣和觀點。面對當代的困頓，慶祝季節性時刻會帶來幸福感。

我成長過程所經歷的節日都出自基督教故事。你也可以利用自己祖先與文化的根源，無論你信仰為何，這些做法在我們的記憶中都會變得神奇。美麗多變的風景、笑聲——每一個都是心靈的慰藉。知道這些節日每年都會回歸，會讓人感覺很踏實，也會隨著時間的推進歡迎它們。本篤會修女瓊・齊諦斯特（Joan Chittister）把循環往復的禮儀日曆稱為「讓靈性成熟的實踐」。雖然節日不會改變，但我們會。生活中充滿了慶祝的酵母，透過我們的想像，可以讓未來一年充滿生氣，這意味著總有一些值得期待的事情等著我們。

花一些時間思考你可能會想慶祝的節日，或是你已經在做的那些慶祝活動可以怎麼深化，使它們成為與自然連結的橋樑。也許這些節日標記著你與家人共享的時刻——開齋節（Eid al-Fitr）、亡靈節（Day of the Dead）、聖誕節、六月節（Juneteenth）或猶太新年（Rosh Hashanah）。也許你是用全民活動或體育盛事標記時間，或者來自電影中的節日土撥鼠日（Groundhog Day）、情人節、棒球開幕日。你也可以在每個季節開始時舉辦一場派對，對邀請來的客人，你可以選擇明確說明、包含活動和佈置如何呼應季節，或是對此保密。

我知道我需要慶祝，尤其是在艱難的時候。二月已經夠痛苦了，但在波士頓，春天的跡象最早也要到三月下旬才會出現，所以冬季末期是我一年中最不喜歡的時間。自從跟尚恩結婚之後，我才變得喜歡這段時間，而三月也是全國大學籃球賽的月份，我開始會為肯塔基大學野貓隊加油，同時試圖弄清楚籃球的規則，這已經成為我們家一年一度的傳統。即使我除了這個月以外，在其餘的時間裡都不會追蹤球隊的動向，在文化上和尚恩身為野貓隊鐵粉的父母也沒有太多共同點，卻仍是我創造新故事的契機。我們一起分享興奮的籃球時刻，以及無可避免的心碎時刻。對我來說，國家大學體育協會（NCAA）的「瘋狂三月」賽季[16]早已成為「冬天很快就會過去，一切都會好起來的」的代表。

除了特定節日或假期，想想你會如何將自然融入其他慶祝活動中。在舉行我們的英國婚禮時，我的父母要求所有的賓客都帶上登山鞋或合腳的步行鞋。由於婚禮是在八月舉行，我們想讓這個時間也成為慶典的一部分。在蛋糕端上來之前，我們一起到我父母家後面的林地裡走了很長一段路。就像圍坐在餐桌旁一樣，一起步行也可以讓人們沒有壓力地輕鬆交談。你可以從一個對話轉移到另一個，或者花一些時間獨處。你走過的風景將使慶祝活動充滿意義。

古老的傳統中有很多東西可以挖掘，以創造現代的季節性慶典，但也有當代社群和儀式已經在做這項工作。越來越多的女性、男性和 LGBTQ+ 團體根據農曆（而非陽曆）規律地聚在一起，分享親密和連結。借鑒於傳統的還有團體「在井邊」（At the Well），透過健康教育和猶太精神，將女性與身體、靈魂和社群連結起來。莎拉．瓦克斯曼（Sarah Waxman）和她的團隊正試圖復興希伯來曆法中的陰曆。為了慶祝歲首節（Rosh Chodesh）的新迭代——新月後的第一天，全國各地的井圈（Well Circles，「在井邊」成員的暱稱）每個月都會聚會，提供女性們交流、學習和被傾聽的空間。這個社群每個月都會製作一份新月手冊供井圈使用，裡面收集了世界各地女性領導人鼓舞人心的故事、創造性的實踐、食譜和詩歌等。

其他社群例如位於麻州的工匠庇護所會以傳統的節日為基礎，創造自己的社群日曆。珠寶設計師、3D列印藝術家、木工和其他使用創客空間的藝術家，每年都會在感恩節期間聚在一起慶祝創客感恩節。不僅每個人都會貢獻一份餐點，他們還會將那年自己在共享的工作室空間中完成的作品放到餐桌上，打造名副其實的創意盛宴。秋季對這些藝術家來說具有新的意義：展示和慶祝他們過去一年工作成果的發表會。

⓰ March Madness，用以形容NCAA男子籃球全國錦標賽季期間。

當然，慶祝的力量不會只出現一次。標記季節之所有擁有力量，在於我們會年復一年地回歸。當我們一再地重複時，會注意到一些之前可能沒有注意到的大自然細節。某些春天的花能提醒我們五朔節快到了。天空中的太陽比前一週來得低，提醒我們秋分即將來臨。腐爛的樹葉或新割的草的氣味、更長的陰影或小鹿的身影，還有金翅雀或小溪的流水聲，都在提醒我們正處在一個自然循環之中。我們每年的節慶活動，會提醒我們注意並循著季節生活。即使你不在場，你的孩子、朋友或家人也會開始紀念的時候，你就會知道傳統早已深深地滲入你體內。比如說，在我的成長過程中，每年耶穌受難日（Good Friday）時，我都會去聽巴哈的《馬太受難曲》（*Saint Matthew Passion*）。而即使我現在離家人很遠，我也會確保自己在復活節前至少聽過那史詩般的曲子一次。如果我不這麼做，感覺就很不對勁。

城市裡也能慶祝自然

對我而言，在這四層連結當中，與自然的連結是最具挑戰性的。因為我住在城市裡，在這樣的環境下，需要付出更多的努力，才能讓自己擺脫滿是高聳建築的環境。每天早上都有成群結隊的遊客從我窗下走過，讓人難以集中在清晨陽光的柔和光線中。儘管如此，只要我們有心，回歸自然之美其實並不需要長途旅行或令人驚嘆的遠方風景。比如說，在哈佛大學校園的中央，我的窗外有一棵樹，它是一棵平凡的樹，既不是最高的，也不是最大的。但我逐漸認為，在城市的水泥和建築結構中，這棵樹是美麗與狂野的證明。每天早上當我坐在冥想墊上的時候，最後一分鐘我都只是凝視著那棵樹。我有點愛上這棵樹了——以至於即使我在旅館房間中冥想，或是和朋友相聚的時候，我都還是會想到它。每天早上注意一棵樹的個人儀式，讓我注意到時間流逝的微妙跡象。就像慶祝四季一樣，每天只要注意到這棵樹，我就能活得有節奏。

當我們眺望大自然時，很大程度上取決於我們觀看的方式。我們看到是一個地點（死的空間）還是一個活的宇宙（充滿可能性而活著的風景）？外部世界成了我們未知內心世界的隱喻。有時候，在單調、灰濛濛的晨雨中，那棵光禿禿的樹會對著我的悲傷說話，即使我還沒有找到合適的詞可以形容這個情緒。或者，我的眼睛會捕捉到一隻鳥在樹枝上來回飛翔，我的思緒也跟著來回往返。我們可以把自然界當成一本神聖的經典，一次又一次地「重讀」一扇窗外的風景，讓我們找到新的連結、新的意義。你也可以把植物放在室內或門廊上，並把你的目光集中在單片葉子的葉脈上。設計公司「圖樣性」（Patternity）的共同創辦人安娜．莫瑞（Anna Murray）把這個做法稱為「微觀沉思」。當然，你也可以用宏觀的角度沉思，找一片讓你可以觀看從白天到黃昏變化的天空的地點，重返地球的自然節奏。

約翰．奧多諾赫寫道，關注世界上的美會培養我們內在的神聖性。「美從遠方向我們訴說；它之所以能吸引我們全部注意力，因為它與我們內在的超越性產生了共鳴；就這個意義來說，美是理想的探訪；它會立刻進入我們內心的『他方』。」寫下《安妮日記》（*The Diary of Anne Frank*）的安妮．法蘭克（Anne Frank），只能從她藏身的隱密房間望向一個小庭院。兩年來，她看著同一小片天空、鳥兒和栗樹，隨著納粹的爪牙和鄰居的背叛越來越近，不知怎地卻讓她的內在景色越加壯麗可觀。

但也有可能，身處在混凝土中觀察自然，能幫助我們培養更敏銳的眼光。在中學的生物課上，我得用一片一米長的鐵絲方格片來種植物，還得計算我能在其中找到多少物種。每一片草葉都突然變得非常重要。一個新世界就此打開：雛菊、蒲公英、大蒜芥末，還有野薊，甚至瓢蟲和鶴。當你居住的地方沒有一棵能告訴你春天是否來臨的樹時，這就是為什麼我們需要關注自然。陶醉在你所看到的季節跡象中，在普通的草坪上，就像十八世紀拉比納赫曼（Nachman of Breslov）說的，即使是一根草也能喚醒我們的內在。

就算不能出門，自然也可以來到我們身邊。每迎來一個季節，我媽都會在我家入口處放一張裝飾過的小桌子，她會以書籍或繪畫反映出當下的季節，比如說，初秋會出現蘑菇；春天時是高大的樹枝，還有復活節彩蛋；萬聖節前夕會出現大南瓜；十二月時則有常青樹和冬青樹做成的巨大花園。到了今天，相較於我家以自然食物為主的桌子，我丈夫更喜歡擺上鮮花和綠色植物：粉紅色的毛莨屬植物、白牡丹、高莖草、香豌豆，它們同樣也宣告了季節流逝的節奏。我發現簡單挑選一束花，就可以讓內心充滿蘇格蘭作家理查．哈洛威（Richard Holloway）所描述的感受：「這是許多人都無法完全擺脫的感覺，儘管它無法為自己發言，但宇宙卻似乎早已知道我們要來了。」不知怎麼地，我們屬於宇宙，親眼見證自然之美就像回家一樣，會為生活帶來完成和確定的感覺。

世界即戀人，世界即自己

大概八、九歲的時候，有一天我從學校走回家，在後花園裡找到十二個扮成胡蘿蔔的成年人。他們一開始先蹲在地上，盡可能讓自己縮到最小，然後逐漸伸直身體、踮起腳尖站立。帶頭的人是我母親的一位匈牙利裔以色列朋友尤特卡・哈斯坦，她想開設烹飪課，所以我母親出借家裡的廚房給她，讓十幾個人聚在一起學習製作匈牙利燉牛肉和完美的素食漢堡（就算已經過了二十五年，我們家的人還是會經常談起這些菜）。尤特卡最厲害的地方，就在於她從來不會浪費任何食材。蔬菜皮會變成明天的高湯或是清涼的冰沙。為了傳授這樣的觀念，在烹飪課一開始，她並不會講解刀具用法還是溫度怎麼調整等——而是會邀請每個人具體表現食物本身。每個學生都需要具體想像胡蘿蔔的生命週期，才能完全掌握它能提供的營養價值，這就是一開始我在我們家的花園裡看到的奇妙場景！

這種做法揭露的是一種典範轉移，在二十一世紀可能會很難理解。到目前為止，我們已經探討過能幫助我們連結人與自然的個人儀式。但是這最後的做法提出了截然不同的要求：與其把自己視為與自然分離的兩塊，我們不如把自己理解成景觀本身。

偉大的環保運動人士喬安娜・梅西（Joanna Macy）表示：「如果我們勇敢去愛世界，世界就會透過我們去行動，它不要求我們完全純粹或是完美，也不會要我們遠離熱情關注的事物，而是要我們去關心、去駕馭內在裡深刻的熱情、甜蜜又純粹的意圖。」她介紹了四種世界觀，透過這些世界觀，我們可以理解自己跟自然的關係，其中兩種主宰我們今天的思想，另外兩種則可能完全改變我們理解自己的方式，並改變我們身為破壞性物種的惡名。

第一種是「把世界想像成一個戰場」，善的力量會對抗惡的力量。在這個架構下，地球是需要被挖掘並塑造的資源，用以滿足人類欲望的對象。對人類來說，自然是一個舞臺背景，而任何妨礙我們更偉大目的的事物都是不好的。想想你在報紙頭條上看到或聽到的，大多數企業領導人和政策制定者所談論的內容，在這個世界觀中，「保護環境」和「經濟成長」的目標彼此衝突，所以露天開採、鑽洞，甚至傾倒廢棄物都是「不幸的必要之舉」。大部分人相信這個世界觀，但以比較小的版本形式：自己的生活跟大自然是分離的。比如說，我們或許會在休假期間走訪大自然，但是其實我們總覺得大自然「在某地、某方、那邊」，總之是離我們很遠的。

梅西提出的第二個世界觀是「把世界視為陷阱」。在這個世界觀裡，任何對物理現實的依附，都會阻礙我們通往靈性的道路。有些在自我覺察上傾向靈性的人們，往往會拒絕世俗的現實，因為他們只單純著重在「更高的覺察」。這個框架遵循了一種對柏拉圖理論過分簡化的解讀，認為最真實的事情就是非實物的範疇。對他們來說，土地只不過是做為生活背景的美麗風景。如果進一步檢視，就會發現這沒什麼道理。佛陀教導我們要超脫自我，而非遠離世界。「試圖逃避我們所依賴的事物，會滋生出一種愛恨交織的關係。這會激起一種雙重的欲望——破壞與佔有。」在她的著作《世界即戀人，世界即自己》（*World as Lover, World as Self*）中，梅西這樣解釋。

這兩種思考方式塑造了我們大部分人的現實。為了保護雨林和河流免受工業的破壞，環保人士必須證明這些「資產」的經濟價值，好讓人們可以認定，它們對我們是有「經濟」價值的。當我們把自然的目的視為滿足人類的需求（或是對於成功的阻礙），就會認為它活該遭受破壞。我們會把重點放在自己個人的靈性成長上，而不去理解世上萬物的互相關聯。

相反的，梅西認為我們可以把世界視為自己的戀人。「當你把世界視為戀人，每個存在、每個現象，都可能變成……戀愛的悸動。」吹過樹梢的風會輕聲呼喚我們的名字、拍打的波浪會輕撫我們的皮膚，而朝聖茶則是來自大地的情書。這可能是一個具有挑戰性的觀點。我們就像一對與自然分開太久的親密伴侶，突然重新進入關係中，可能會感到過度親密，甚至想要對抗，但這種思考方式會幫助我們更常與自然同在，因為我們將學會如何再次愛上它。

二〇〇八年時，我非常幸運能參與世界自然基金會（World Wildlife Fund）為期十天的北極之旅，成為幸運的二十名年輕人之一，了解北極海冰融化造成的影響。我當然聽說過北高地的問題，也模糊地理解冰山的減少，將導致世界各地的海平面上升。在聽過科學家講座和實地參訪以了解第一手變化後，真正讓我印象深刻的卻是看到一隻在雪地裡玩耍的北極熊。我穿著T恤站在船的甲板上，過於溫暖的陽光照在我們身上，我完全愛上了北極，從紫色的小花到巨大的冰川都是。回來之後，我不只對氣候科學有了充分了解，還多了一份對於這片壯麗風景的愛，但它很可能在幾十年內就會完全消失。另一個相似例子是，反對興建油管的北達科他州立岩（Standing Rock）保護區的居民，更喜歡自稱是「保護者」而不是「抗議者」，因為他們是在保護這塊土地固有的價值。

在澳洲和加拿大的公民運動，經常會先從一段能在原住民的土地上齊聚一堂的謝詞開始。美國曾有段漫長而痛苦的土地徵收歷史，不只剝奪了原住民的土地和自由行動，也破壞了人們與地方和身份上的連結。美國藝術與文化部（US Department of Arts and Culture）是一個草根行動網絡部門，有一套精美的儀式可以在聚會（市政廳、商務會議甚至婚禮）時，向原住民的土地致敬。而就我的經驗來說，每次召開《我們如何聚在一起》的會議時，開場時向原住民的土地致敬的儀式，改變了所有人與造訪之處的關係。花一點時間見證這個地方和住在這裡的人，可以為活動注入更深層的意義和更大的脈絡。當然，宗教及文化傳統上，長久以來一直很尊崇自然地區。日本富士山腳旁盡是神社；坦尚尼亞的恰加人相當尊崇吉力馬札羅山（Mount Kilimanjaro）；而古希臘人則崇敬著奧林帕斯山（Mount Olympus）。

更近期一些，透過觀看BBC的電視系列節目《地球脈動》（*Planet Earth*）和《藍色星球》（*Blue Planet*），數以百萬計的人愛上了大自然。鏡頭前的驚人畫面讓原本隱藏在世界角落的風景變得栩栩如生，不再只是令人感興趣的照片；植物和動物的絕美影像，引發了觀眾的愛與保護欲望。在觀看能喚醒你這種敬畏和連結感的節目後，你可以透過寫日記，或單純有意識地呼吸來抓住這種感覺，記住那種深刻的撫慰感。如果你有養寵物，可以試著擴大你對寵物或其他動物的愛，將它延伸到所有的動物和生物身上。

第四個，也是最後一個梅西邀請我們進入的世界觀，是「把世界視為自己」。大自然不再只是一種我們之外的事物，一種可以欣賞愛上的景色——正好相反，「我們就是自然，我們就是世界本身」。偉大的環保運動人士約翰．席德（John Seed）用以下這段話體現了這個概念：「我努力記起的並不是我，約翰這個人，在想辦法要保護雨林。更準確地來說，我其實是雨林的一部分，是『它』在保護自己。我是出現在人類思維中的那個雨林。」雖然這種想法有點奇異，但我的感覺是每個人都曾有過這樣的體驗：當我們仰望夜空，那種一閃而過、就像回到家一樣神祕的感覺，還有那種既是廣闊裡微不足道的斑點，卻又同時和宇宙本身一樣大的神奇感受。這正是梅西希望我們能活在其中的雙重世界，在這種身分轉換中，會從一種孤立的「我」轉變成「更廣泛的認識我們是誰」。這是一種「深層生態學」，正是尤特卡透過讓廚藝課學生們扮成胡蘿蔔，想傳授給他們的東西。在身體上實現自然，有助於改變我們的思維方式，以某種更偉大的宇宙智慧來提醒自己：我們**就是**胡蘿蔔！

我知道如果不夠小心，很容易在讀到英國石油公司的漏油事件、野生北極熊的飢餓報導，或是我們正在經歷的極端物種滅絕時，不自覺壓抑我的悲傷。推動聯合國氣候變遷法案的行動才努力了短短三年，我就已經痛苦不堪、覺得消耗殆盡。我覺得自己很蠢，竟然會變得這麼情緒化，但又該怎麼避免呢？隨著我們對於自然世界有了更深的認識，我發現了一些小小的安慰，知道即使全球氣候正劇烈變化，我們將進入長期的缺水壓力、糧食危機、氣候難民，但隨著幾千年過去，地球本身還是會穩定下來。可悲的是，人類是否會做為一個物種生存下來，這又是一個完全不同層次的問題了。

現代的主流文化容不下這種環境焦慮和悲傷，而我們也學會了關閉這種固有的同理心，讓自己跟周圍的環境有所區別。在論文《生態與人》（*Ecology and Man*）當中，環保主義者保羅・謝帕德（Paul Shepard）解釋說，這違背了人類先天的生物學理。「我們的思維會形成語言，鼓勵我們將自己、植物或動物都視為獨立的囊、一種事物、一種封閉的自我，而表皮在生態學上，就像池塘的表面或是森林的土壤，與其說是外殼，不如說是微妙的相互滲透。」我們一直以來被要求看見的邊界，其實是連結的閘道。要和這個觀點重新連結，有一個簡單的方法，就是用語言表達你所處的景觀，就像你是景觀在說話，如同約翰．席德示範的一樣：「我是池塘，池塘是我」或「吹過我樹枝的風感覺有點冷。」

你已經到家了

我一點也不懷疑，你已經有一套儀式可以和自然連結，並且這些儀式可以深刻、豐富你的精神生活。也許你會專注在尊崇世界的元素（風、土、水、火），去懸崖跳水或是圍坐在營火旁；或者你會在家裡創造儀式的空間：點上蠟燭、泡澡、練習有意識的呼吸、照料盆栽植物。你或許也會想慶祝中國新年或是日本的七夕，把願望寫在色彩繽紛的紙條上，並掛在竹子或樹上。或是在聖誕節散步，在贖罪日的前一天洗澡。你也可以在遛狗或是散步的時候，特地去看看某棵樹。你會開始種花或插花，又或者用你最愛的貝殼、羽毛、石頭和壓花，創造屬於自己的自然桌或祭壇。無論你已經在進行，或是想要探索怎樣的做法，都可以從你所在的地區地景中得到啟發。

你還可以思考屬於你的自然聖地。你是從哪裡來的？你的家族從哪發跡？哪些地方可以定義你這個人？你或許會踏上療癒的旅程，或開始每週一次長距離的散步。你可以隨時隨地進行朝聖，沿著偉大的路線或是從你的後門進入世界。也許你的朝聖地是你祖父母的後院、大海、果園，或是城市中心的小公園，也可以把探望某個你所愛之人的旅程，變成一次朝聖之旅。套一句我的朝聖嚮導威爾・帕森斯說的話：「精神地景從不限制造訪的人。」

你也可能只是待在原地，在地球上任何一處、仰望天空，明白你已經到家了。

第四章

與宇宙連結

我第一份正式的工作是在鄉村酒吧洗盤子。每週末的輪班讓我賺進足夠的錢，可以買阿嘉莎・克莉絲蒂新出的謀殺小說、幾支中性筆（最好是有香味的）、一本雜誌和大量的巧克力。每週要進行這種小型血拚時，我會經過超市、高級音響店，還有我最愛的店「字裡行間」。對十三歲的我來說，那間店就是「理想大人生活」的代名詞，店裡賣的都是美好卻非必要的生活用品：柳條編的籃子、蠟燭、丹麥設計風格的抱枕，還有最棒的——種類繁多的芳療音樂和精油。

我整整花了一年才鼓起勇氣走進店裡。就算已經下定決心，我還是先經過櫥窗三次，才終於推門進去。我曾經在電視上看過有關芳療度假村的廣告，當時我心想，比起男生宿舍裡成堆的荷爾蒙，這裡簡直是個和平又安全的避風港，我真想在自己房間裡穿上浴袍，重現這裡的佈置。我買了一張《約翰・帕海貝爾卡農》（*Pachelbel's Canon*）的海浪聲CD，還有一些薰衣草味的精油，雖然還不怎麼清楚該怎麼使用，我卻很有信心能找到進入的方法。

一回到家，我就開始播音樂，在海浪聲的陪伴下，把精油塗在我的掌心。我確定只有我一個人，我閉上眼睛，就那樣站著、打著赤膊，我移動雙手遊走在自己身體的表面，幾乎是在按摩空氣，接著把手放在自己的心上。眼淚奪眶而出，接著我再也克制不住。我哭了，哭了好長一段時間，並不是因為當下我特別難過，而是因為內心深處的「我」，感受到悲傷已經融進了某種比我自己更大的存在，這個存在足以接住生活中我所遇到的任何痛苦與悲傷。海浪聲與薰衣草的味道暗示了某種更大的存在，既是我、卻又不是我，它沒有被我的眼淚嚇得退縮不前。雖然無法解釋原因，我卻感覺宇宙已然知道我受的苦有多深，而且不知怎麼地，一切都會沒事的。

我們當中有許多人都曾經歷過這樣的故事。會有某些時刻，我們感覺到在自己跟某種更大的事物之間出現了一座橋樑。在我們探索偶爾重溫卻從來不曾談論的個人儀式時，橋樑就會出現。這些時刻會讓人覺得很神祕，因為我們無法合理解釋究竟怎麼了。雖然當下我們會感覺很特別，甚至很神聖，之後卻會感到既尷尬又不自在。「我到底是在幹嘛啊？我甚至不相信有那東西的存在！按摩我的氣場？千萬別跟任何人說這件事，永遠不要！」這可能會讓你感到困惑。如果我們過度讓自己沉浸在這樣的經驗，就會變得無法掌控。當我們把自己的權力交出去、完全放手後，又回到自己時，就會產生布芮尼·布朗所謂的「脆弱感後遺症」。

我已經學會把這樣的時刻理解成禱告——雖然我一直都很懷疑這個字，但我也發現其實禱告是件非常美好、有力，或許甚至是非常必要的事，因為它能讓我們深刻感覺跟超越自己的巨大存在相連。

禱告其實不是我們想的那樣

我其實一直都覺得，禱告是宗教文化裡最荒謬的一個。不覺得很奇怪嗎？祈禱就像是去按空中的魔法販賣機，跟神要求你想要的東西。我聽過很多故事是關於不願意吃藥，只因為他們相信會「被禱告治好」，我也聽過有父母告訴他們的小孩「禱告可以讓同志退散」。禱告不只荒謬，似乎還有積極的破壞力。在禱告盛行的時代，我們根本對疾病怎麼傳播，或是天氣如何變化一無所知。簡單來說，傻瓜才相信禱告。

但到了現在，我用不同的方式來理解禱告。它不是來自天堂的自動販賣機，就它的核心來說，禱告的重點也不在於要求你想要的東西，而且形式上，肯定不是只有跪在床邊、雙手合十，還要低著頭時說的話才能算。正好相反，禱告的重點其實是在於意識到

（並且坦承）我們真正的感受和想法，把潛意識裡的想法轉變成敞開的覺察。精神病學與宗教學者安・烏拉諾夫（Ann Ulanov）和貝瑞・烏拉諾夫（Barry Ulanov）把禱告稱為「主題演講」，他們寫道：「每個人都會禱告，禱告是在傾聽和聽見自我的聲音……在禱告中，我們會說出真正的自己。」禱告的重點在於聆聽內心的真實需求：每個人心中深處的愛與渴望。

俄羅斯東正教作家安東尼・布倫（Anthony Bloom）談到，真實的禱告其實是事物「突然以我們從未察覺的深度顯露，或是我們突然在自己內心發現深度」的過程。這個經驗很美好，但有時候也很可怕，它是一種解脫感，它會讓我們「感覺自己從佔有中解放，而這種自由會將我們安放在某種一切都是愛的關係中——包括人類之愛與神聖的愛」。布倫完全知道自己在說的是什麼，這是基於他在伊朗和俄羅斯長大，曾於第二次世界大戰中在前線支援法軍，擔任外科醫師的經歷。

禱告是通往更偉大的愛的路徑。它緊密結合了人類之愛與布倫所謂的「神聖的愛」，但你可以把這個詞翻譯成任何能打開你心扉的語言。對我來說，那種更多、比自己更廣袤的感覺，神祕到超出言語能夠形容的地步。練習禱告，就是在持續回到這條愛的道路上。因為我們的生活非常的充實，布倫在他的著作《開始禱告》（*Beginning to Pray*）中寫道：「我們或許會以為，沒有什麼比這更多了，也會認為我們已經達到了充實和完整，已經走到了探索的盡頭。但我們必須明白，總是會有更多。」

那麼我們該怎麼練習禱告呢？很有可能，你已經在禱告了。在本章中，我們會探討四種類型的禱告：崇拜、懺悔、感恩，還有祈求。我選擇這些老派的字眼，是因為知道自己正在遵從過去好幾個世代前人走過的的途徑，讓人感覺很好。這並不是說一定得用古老而守舊的定義來解釋現代生活，而是意味著我們可以從深藏在宗教傳統裡的寶藏中，解放出其寶貴的智慧光芒。

我的朋友，聖若瑟修女會的凱蘿・金修女，是個聰明、有力、又有趣的女性。她已經以天主教修女的身分生活多年，是她教我這種分成四階段的禱告方式，從此它們就成了我每天的早晨儀式。淋浴的時候、坐公車的時候、在冥想墊上，或是在你睡前，你都可以執行這四個步驟。你可以在日記裡寫下文字，或是跟朋友一起畫圖；你可以在家或是在外面做這件事，你可以做五分鐘或是持續五個小時——有一百萬種方式可以讓禱告實踐成形。我希望分享的是一種模式，你可以投射到已經在進行的任何事情上，以便讓它更加鞏固和深切，讓自己跟某種超然的存在更深刻地相連。

崇拜

諷刺的是，通往更深自我覺察的第一步其實跟內省無關，而是要徹底**遠離**我們自己，偏離我們的個人體驗，並設法讓自己服務於或成為某種超然事物的一部分。如果我們在第一章中探討的第一層連結，是要與自己深刻相連，這個實踐就是要跟某個偉大的他者相連。

你可能體驗過這種團結一體的感覺，像是在音樂節上、在街頭抗議中，或是在運動場的中央。或許你已經嘗試過重置觀點的閉關體驗，試過正念或冥想。即使身處再小的空間，也無礙於我們與某種更偉大的事物相連。在搬進我們的公寓之前，我、尚恩跟三個很棒的室友住在一起，這意味著我在家裡唯一能確保獨處的地方，是我們灰塵滿佈的冬季衣櫥。我把自己的冥想墊放在衣櫃裡成堆的工具箱和雪靴之間。我們住在特羅布里治街的兩年裡，我每天早上第一件事就是爬進衣櫥，用一段音樂開始我的冥想時間，例如十六世紀的頌歌，像是雅各・克萊門斯（Jacob Clemens non Papa）的曲子、阿福・佩爾特（Arvo Pärt）令人難忘的聖樂帶我進入禱告的時間。這兩件作品都有一種飄渺的特質，可以幫助我與「更多」產生連結並感到平靜。雖然我否定禱告治癒他人的力量，卻有越來越多的證據表明，這種有意識的時間對我們有許多健康上的益處。身為身心醫學領域的先驅，哈佛醫學院教授與心臟科醫師赫伯特・班森博士（Dr. Herbert Benson）發現了在禱告與冥想期間發生的「放鬆反應」。這段期間，身體的新陳代謝會下降、心率減慢、血壓下降，我們的呼吸就會變得愈加放鬆與規律。

就傳統上來說，崇拜是關於尊崇上帝的明確行動。某些人可能會很有共鳴，但如果沒有，我會建議你想辦法提升你的注意力，走向更大的世界之美、與一切都包含在內的偉大連結。你可能想為自己讀一首詩，或是選幾首能讓你感動的音樂曲目。如果上帝的語言對你有用——那就讀《聖經》吧！對我來說重要的是，去感受崇拜某種超然於自己之上的感覺。神學家雷尼塔・威姆斯（Renita J. Weems）認為，我們天生就有崇拜的需要，所以我們最終都會敬拜某些東西，因此最好有意識地知道自己在敬拜著什麼，而不是陷入主流文化設下的崇拜金錢、地位和權力的陷阱。

對於去自我中心化，我最喜歡的方式之一就是去好好按摩！這是件奢侈的事，但卻有極大的價值。有人幫你搓背當然很放鬆，但我意識到其實不只如此。當我在按摩臺上被伸展和揉捏時，常會產生一些對自己、對人際關係和對工作最有創意的見解，包括需要向某人道歉、決定離開某份工作，或是在一段破壞性的關係設立界線，我為此感到震驚。在我出色的按摩師米絲蒂手中這一段時間裡，我完全只專注在自己的身體上。當她擠壓和雕塑我的身體時，我試著想像她的手是永恆的大天使，因為她將神聖的關懷和力量注入我的身體。

如今有一種逐漸成形的趨勢，是關於迷幻藥——尤其是死藤水（ayahuasca）如何幫助人們碰觸神性。儘管有些人的確在智者或嚮導的幫助下，透過使用藥物經歷了強大的儀式，我仍然對於將迷幻藥視為一種精神實踐而猶豫不決，主要是因為用宗教學者休斯頓．史密士（Huston Smith）的話來說，精神體驗本身並不構成精神生活。在其著作《改變你的心智》（*How to Change Your Mind*）中，麥可．波倫（Michael Pollan）表示：「無論是在醫療環境中還是在醫療環境之外，『整合』對於體驗的理解至關重要。否則它就只會是一種藥物體驗。」我也對內在之旅抱持謹慎的態度，在這種旅途中，我們拚命尋找不屬於自身文化中的全新體驗。我們只挑選這些傳統中令人興奮的元素，卻冒著不了解更深層次的意義和脈絡的風險——尤其是被邊緣化和殖民化的傳統更加危險，例如原住民的習俗。我們錯過了更多了解自身背景和文化中隱藏寶藏的機會，因此，與其仰賴能引起幻覺的物質，我會建議利用簡單的工具來培養注意力，好讓我們能更一致地重新定位自己，追求更高層次的生活。

培養注意力的效應如此強大，以至於神祕主義者西蒙娜·韋伊（Simone Weil）曾提出相當著名的說法：即便是專注於一個困難的數學問題上，也能讓你做好禱告的準備。在《等候上帝》（*Waiting for God*）中，她表示「如果我們把注意力集中在解決幾何問題上，就算過了一個小時，仍沒有多大的進展，但在另一個神祕的次元裡，我們在那一小時裡還是有所進步。」儘管感覺什麼都沒有發生，韋伊卻向我們保證，我們表面上看起來徒勞的努力，仍會為靈魂帶來更多的光明——即使感覺不到或不知道。

韋伊知道該如何打造自己的精神之路，因為她是個局外人。她在法國的世俗猶太家庭中長大，她的整個童年和往後的人生都遭受著健康的挑戰。經歷過第一次世界大戰後，她繼續跟在西蒙波娃身邊和她一起學習，並以激進的政治觀點而聞名。她參加了一九三三年的法國大罷工，她對工人權利的關心，從根本上塑造了她的團結精神。隨著年齡增長，她與一位天主教神父的友誼滋養了她的靈性，並帶領她更深入宗教生活，但始終獨立於教會組織之外——她拒絕受洗，而且只願意旁觀而不參與聖餐禮。對韋伊來說，靈性實踐的關鍵是「意識到禱告是由注意力所組成的。它是所有注意力的指引，讓靈魂能夠轉向神。注意力的品質對禱告的品質有很大的影響。」

培養虔誠的注意力和意識，不僅是透過幾何研究而實現。我在《我們如何聚在一起》研究中，發現提到最多禱告的社群之一，是位於華盛頓特區的「避難所」（Sanctuaries）。在這裡，藝術家們會跨界合作，用作品創造體驗，表達為社會正義和療癒靈魂的精神。他們透過絹印確保難民有合法的代表、透過嘻哈抗議公宅居民搬遷，還透過視覺和表演藝術動員了數千人，為環境正義、種族平等和貧窮者的尊嚴發聲。這些藝術家由截然不同的宗教與種族認同的人組成，他們是不願意被歸類、居無定所的一群人。他們有各種跨界合作企畫，比如印度古典音樂家與嘻哈藝術家的合作、受猶太文字啟發的珠寶設計，以及融合了朗誦詩會與現場繪畫的活動。

「避難所」在二〇一三年由艾瑞克・馬丁內斯・雷斯利（Erik Martínez Resly，或更常聽到的「艾瑞克牧師」）成立，始終將靈性、社會正義和創意藝術三者結合在一起。「我們已經擁有能與靈魂對話的藝術語言：找到你的心流、接通能量、進入沉浸狀態，會有一種我的身體陷入了某種比我更大的存在中的感覺。我已經屈服於某種力量、某種勢力、某種我可以觸摸或挖掘的靈感來源，但我永遠無法完全掌控它。而且不只我一個人感覺如此。這是我們的起點。我們發現，關於正義的最佳實踐與藝術創作，和深化精神生活的最佳實踐是重疊的。」艾瑞克牧師解釋道。

避難所教會我們的是，禱告可以是一種運動、一種藝術，還可以很有創意。「我們並不是在引進新事物，而是在一個正在加速的、不斷向我們兜售可以控制一切的幻覺的社會中，我們正在花時間放慢腳步，留心個人無法完成的事情。」避難所的領導者們，無論他們採取的做法是縫紉、唱歌、饒舌還是跳舞，都是在為進入更深刻體驗的世界開啟大門。艾瑞克表示，一次又一次，在人們進入創作的流程中，藝術家表示他們感到與世界的豐富相連。「人們往往會以一種美麗而神祕的方式談論自己的經歷：就在他們感到與比自己更大的事物相連的時刻，也正是他們對自我感覺最真實的時候。他們會說『這首詩不是我想出來的，是它從別處進入我腦海的，但最深刻的發現是：我實際上是怎樣的人。』這是一個關於在同一時間，我們既是最真實的自己，同時又完全不是自己的悖論。」

懺悔

第二種禱告是懺悔。懺悔使人們意識到，對於自己想在這個世界上成為怎樣的人，以及怎樣表現還欠缺的部分。我們會問自己這樣的問題：我做了什麼才導致痛苦或受苦？有什麼是我還沒有做，但能服務他人的事？我為什麼需要寬恕？

很有可能你已經定期在做這種練習了，無論是在你忘記某人的生日，或者因為反思你今天說過的話而睡不著的時候。有時，我的舌頭會湧現一連串失敗：在最後一刻讓朋友失望、無視街上某個人的需要、在我應該發聲的情況下害怕開口，我幾乎總能想到不只一個的失敗。（顯然這與我的實際行動無關，而比較取決於我理解事件的角度！）不意外地，懺悔可能是禱告時光中最不愉快的部分。我還不曾遇過任何喜歡面對自己缺點的人，但這並不是要你被內心批判的聲音斥責或羞辱，而是要承認我們都有許多不足之處。把它想成一個你在水上飛馳時發現偏離了正軌，可以調整風帆，並盡其所能做出改變的機會，這將為你之後的旅程，省下極大的力氣。有時候，當我坐在冥想墊上、感到無比正義和憤怒時，只要傾聽內心的聲音，就能知道關於自己的唯一真實是：我犯的錯誤和其他人一樣多。禱告並不總令人滿意。禱告中最有價值的時刻，往往是我們的預設被打破、出現新的見解的時候，雖然這可能需要時間。學者馬克．喬丹提醒我們，最重要的並不是我們在禱告時的感受，而是在之後發生的事。

但這種懺悔式的禱告也可以大大地讓人耳目一新。我們終於有一個機會能夠全然誠實，並被偉大的宇宙見證此刻正在發生的事情，並活出更勇敢而自由的姿態。

但是我們該如何確保自己不會陷入羞恥和不知所措的循環中呢？透過我們大聲說出的話，一起移動我們的身體。在《我們如何聚在一起》的聚會中，我們把來自全國各地的創新社群領袖聚在一起，我們邀請參與者以各自社群的實踐方式領導彼此。在其中一次聚會上，位於洛杉磯的美國婦女清真寺前社區外展主任伊迪娜．萊科維奇（Edina Lekovic）帶領我們進入穆斯林的祈禱。由於我們大多數人都不熟悉阿拉伯語，伊迪娜印出了一份翻譯版本，讓我們能夠用英語呼應她的阿拉伯語。召喚與回應令人回味，但最讓我印象深刻的是禱告中動作的力量。站立、跪下、前傾，把額頭靠在地毯上。一次又一次地後退，雙手靠近我們的臉。這應該並不陌生！在雙手合十的禱告成為常態前，基督徒會在禱告中站立，肘部靠近身體兩側，雙手向側面伸出，手掌向上。猶太教徒每次開始禮拜的核心阿米達（Amidah）時，習慣後退三步、前進三步。許多禱告傳統還包括鞠躬或跳舞。神祕的猶太文本《光輝之書》（*Zohar*）教導我們，說出神聖的禱詞時，靈魂中的光會被點燃，我們會像蠟燭的火焰一樣來回搖擺。

因此當你懺悔時，請探索你如何結合身體運動。我的經驗是，在有太多話要說的日子裡，我會坐在膝蓋上、向前鞠躬，把我的頭放在地板上，獻上自己的懺悔禱告。如果您以前從來沒有嘗試過——請務必試一試。這個經驗很美好，令人感到釋放。

我最喜歡的懺悔形式，並不是單獨沉思，而是一起。加入或開始一個小組，是我們可以承諾的最強大的精神實踐之一，因為一個好的小組有足夠的愛讓我們得到支持和擁抱，並且足夠負責，讓我們不至於陷入陳詞濫調和簡單的答案。你可能會認為這是一種團契，像是來自同樣教會組織的少數人定期聚會，也許三到六個人左右，這些人聚在一起分享他們生活中實際發生的事情。但這不只是一群朋友聚在一起，而是一群忠誠、可信賴的人，會跟你一起走過此生。而你所建立的任何類型的世俗小組也是如此：比如說，在讀書會上談論一本書，但實際上是在談論生活中的難題。當你以安全的方式分享自己的缺點時，你會發現這些人愛你，並促使你為自己的行為負責。他們不需要跟你相信同樣的事情，也不必用相同的語言來描述他們的精神實踐，甚至他們根本不需要是你最親近的朋友。但他們將開始變成你非常重要的人。

我曾是好幾個小組的成員，而在我加入時間最長的小組中，我每個月都會與一位佛教徒、一位聖公會教徒、一位天主教徒、還有一位「皆非族」聚在一起。剛開始，我們當中大多數人都只是粗淺地認識彼此，所有成員都希望加深對精神生活的投入，也都在我們所屬的傳統社群（如果有的話）中感到被困住。我們需要有一個地方，可以坦率而安全地談論生活中實際發生的事情。如果你必須為他人負責，而且在你所屬的大多數群體中都得擔任「負責任的成人」時，這會讓人感覺特別解脫。

我們的做法非常簡單。每個月，我們都會聚在其中一個人的住處，點一桌泰國菜（儀式也可以很美味！），花時間分享各自的靈魂狀態。我們起初開玩笑地稱它為我們的「懺悔小組」，因為這是一個親密的社群，和他們在一起，我們會覺得完全可以摘下成功和美好的面具，坦誠相待，而且感到安全。我們每個人都會花十到十五分鐘、一個接一個地分享生活中掙扎的節點：財務、戀愛關係、怨恨、與父母的關係、野心、我們的身體、悲傷。到目前為止，我們已經意識到脆弱的力量，但很少有地方可以說出自己最醜陋的真相，並且知道說出以後我們仍然會被愛著。分享後（我們會使用計時器計時），其他小組成員會提出問題，反映他們注意到的模式，或根據自己的個人經驗提出建議。

當我們獨自一人或身處大團體時，總會認為自己的問題比其他人的更糟糕、更可恥或更不尋常，在懺悔小組的練習，總是會打破這樣的假設。加入充滿愛與責任的小團體所能獲得的意料之外的快樂，是我們會發現其他人也有跟自己一樣的問題，而且我們認為是失敗的問題，往往跟其他人沒有什麼不同。即使聚會上，我會被截然不同的觀點挑戰，或是得對自己說過的價值觀負責，每當我離開時都還是充滿感激、煥然一新、充滿活力。在我所有過的經驗中，與這最接近的是我在青少年時期的出櫃經驗。我忍受了十六年的沉重痛苦和悲傷突然開始消失，在因為長期背負著受社會眼光影響的祕密，羞恥感深埋在我的穿著、走路和說話的方式中，以及任何一段我與某人共度的時光中。這讓我害怕說實話，因為我非常不想被發現，但當我開始向值得信賴的人傾訴時，這個祕密突然失去了對我的控制，我開始能夠與自己曾經不得不斷開的部分重新連結。一個安全且充滿愛的自白小組就像這樣，在結束之前，我經常會忘記花了多少時間。

創建一個小組比你想像的要容易。我曾見過這類的誠實對話，發生在每週日晚上聚在一起談論棒球的朋友之間，他們每年都會抽出一個季前賽的週末，深入挖掘彼此，我也見過一群媽媽每個月會見面一起吃早餐。與你日常生活略有關聯但非密切相關的人聚在一起，通常會有所幫助，這就是為什麼一開始在陌生人之間進行連結會如此有效！像「週日大會」的世俗會眾創造了「小众」群組（取其一小群人的涵義），領導力培訓也經常以小團體的形式進行。你可以想想個人成長社群，比如地標論壇（Landmark Forum）或哈佛商學院教授比爾．喬治的「真北」（True North）小組，人們可以聚集在一起進行深入討論、親密分享他們生活中最重要的事情。懺悔小組的終極例子仍然是「戒酒無名會」之類的康復社群，在那裡任何人都可以加入一個小組，安全且有信心地分享，他們如何在自己的清醒之旅中掙扎或進步。

我們能給彼此的禮物就是出於愛與傾聽的存在。當一個群體既不具侵略性也不迴避時，它就會走在支持和責任的微妙界線上，並蓬勃發展。衛理公會的創始者約翰・衛斯理（John Wesley）形容它的話相當出名：「以愛彼此注視。」它能幫助我們正直地生活。與其他人一起朝著同一個方向前進，意味著我們不會忘記自己的價值觀，我們所知道的事情很重要，但有時可能會在追求成就或失敗的絕望中逐漸遺忘。在我們陷入低谷的時候，小團體可以讓我們再次振作起來。如果這些知道我們所有內在脆弱的人，仍然愛我們，也相信我們可以改變情況，並信任我們願意嘗試，那麼也許比起我們對自己的期待，我們可以做得更多、改變更多。理想情況下，我們對規模小的團體投入程度較高，會更依賴彼此。在我自己的團體中，我們承諾每年每一個月都會持續舉辦，如果一段時間後，我們需要重新評估自己能夠給予什麼，就會另尋出路，結果不只能更加了解我們自己，還能更了解我們之外的事物。懺悔的重點在於向內看，是的，懺悔的重點在於向內看，但也是關乎我們如何影響宇宙的更大願景。

感恩

經過懺悔的內省之後，就是「感恩」，列出自己想感謝的人事物。就我自己的做法，通常會從我還活著這件事開始，回憶過去幾天別人對我展現的仁慈之舉。接著是可以學習還有被服務的機會、我的身體、帶給我意義和快樂的某些特定人物。我最喜歡的其中一種感恩的方式，就是創造一個感謝鏈，把一件事連結到另一件事。比如說，感謝昨天能跟朋友一起吃晚餐，這會讓我想起與家人在餐桌上的慶祝活動，想起我祖母的美感——而這一切我全都感謝。有一位《哈利波特與神聖的文本》的聽眾跟我們分享說，在她的感謝鏈最開始她會說：「感謝我沒有著火」，這也是一種開始的好方法！當我開始注意聽，意料之外的連結和記憶就會出現，讓那天變得很美妙，也讓我意識到除了我自己以外「還有很多事物存在」。有時候我們會把每件事都弄得過度複雜，就連禱告也是。偉大的中世紀神祕主義者埃克哈特大師（Meister Eckhart）說過，就算我們能說的只有「謝謝」，那其實就已經夠多了。

即使統計數據顯示人們越來越少參與有組織的宗教，我們仍然保持著滋養我們靈魂的儀式。寫日記是練習感恩禱告的絕妙方式，而且書店裡永遠有各種日記和感恩筆記本。也許你已經習慣在一天結束時進行感恩練習，列出三件你感恩的事情，要不寫下來，要不在餐桌上與家人分享，或者在入睡前與伴侶分享。我很難堅持每天感恩，所以我會在3C暫離日裡拿出我的日記、試著用為我帶來快樂的反思和回憶填滿頁面。正如布芮尼．布朗在其著作《做自己就好》（*Braving the Wilderness*）中斷言的：快樂的關鍵是練習感恩。

有時人們會擔心感恩顯得自私或只關注自己，因為其他人很少這麼做。但布朗提出了相反的看法：「當你對自己所擁有的心存感激時，你會明白，自己失去的東西有多重要。」她的研究也揭示了「當我們放棄自己的快樂，讓痛苦中的人感到不那麼孤單、或讓自己不那麼內疚、或看起來更投入時，我們耗盡了自己的一切，但也感覺充滿活力和被目標激勵。」神祕的是，感恩不僅僅是為了你自己。感恩實際上可以幫助我們為他人挺身而出。

最近的研究表示，感恩也能改善我們的心理健康，相信你不會對這點感到驚訝。過去十年已經有大量研究發現，有意識地數算自己生活中好事的人往往會比較快樂、也比較不會沮喪。但在感恩的實踐裡，最重要的是要注意兩個關鍵元素。

加州大學的心理學教授羅伯特・艾蒙斯（Robert Emmons）在為至善科學中心（Greater Good Science）雜誌撰寫的一篇文章中解釋道，感恩是對善良的肯定：「我們確信世界上有美好的事物，源自於我們收到的禮物和好處。」這個實踐的關鍵後半部分是在於承認「這種善的來源在我們之外……我們會承認是其他人（或者更高的力量，如果你有靈性的概念）給了我們大大小小的禮物，幫助我們實現生活中的美好。」

感謝我們之外的善良泉源（無論是特定的人、獲得某個機會的運氣或是更深的靈性層次）有助於重新定位我們的生活，遠離主流文化會降低成功、渴望與企圖對我們的影響，並走向更全面的視角。作家與宗教文化學者戴安娜・巴絲（Diana Butler Bass）在其著作《感恩的狂喜》（*Grateful*）中解釋：「感恩與物質無關。感恩是對我們自身存在的驚喜所表現的情緒反應，是在感受內在的亮光，意識到每個人誕生是如此驚人、神聖、社會性的科學事件。」

然而，感恩的禱告並不是為了整理我們生活中的混亂。巴絲寫道：「感恩不是心理或政治上的靈丹妙藥，它無法否認痛苦或忽視不公義，因為心存感激並不能『解決』任何問題。痛苦、苦難、不公，這些都是真實存在的。它們不會憑空消失。」然而，感恩的作用在於驅散這樣的想法：認為這就是生活所能提供的一切、絕望會贏得勝利。「感恩會給我們一個新的故事版本。它能讓我們大開眼界，看到每一個生命都以獨特而有尊嚴的方式得到恩典：除了身體狀況相對好的人外，還包括窮人、被拋棄者、病人、被監禁者、流放者、被虐待者、被遺忘者、你的生活、我的生活。我們都共享這份終極的禮物——生命本身。一起活在當下。」

有一個非常有效的方法能進入感恩的意識，就是「勿忘人終有一死」（Memento mori）的反思練習，提醒我們終將死去。這種做法的類似版本，最早在古代就出現了，包括日本的武士文化、藏傳佛教，以及墨西哥的亡靈節。在近代早期的歐洲也非常流行，它指示人們將注意力從世俗的事物上移開，將他們的渴望提升到更高的永恆。古代人的壽命短得多，而且瘟疫的威脅總是近在咫尺，人們很早且經常面對死亡的現實。荷蘭畫家弗蘭斯．哈爾斯（Frans Hals）開始在靜物畫或家庭場景中加入死亡的象徵，比如說，幾乎總會有頭骨藏在角落或留在桌子上。「勿忘人終有一死」的反思練習就像是廣角鏡頭。記住我們終將死去，並面對也許就是今天的現實，能幫助我們以更寬廣的視角看待自己的生活。我們一直關注和擔心的問題並不會消失，但它們確實在更廣闊的場景裡逐漸淡去。也許在不知不覺中，去參加親人的葬禮或走過墓地時，很可能我們或多或少都思考過「勿忘人終有一死」。當一個年輕人意外喪生時，我們會更有感，痛苦地意識到生命的短暫。

如要整合這個練習，請找一個你暫時不會被打擾的地方。想像一下你只剩下一年的生命，那麼你要用剩下的時間做什麼？花一些時間思考或寫下來。想像你可能去哪裡？你會想和誰交談？你會停止做什麼？

現在想像一下如果你只剩一個星期，你會選擇如何度過最後的日子？你的最後一餐會是什麼？你會跟誰在一起？

現在想像這是你活著的最後一個小時。接著是你的最後一分鐘。你的最後一口氣，就是你正在呼吸的這口氣。

不知不覺中，我一直在做類似的練習。

當時我正從某場嚴重的事故中恢復，在那場事故中，我的小腿和手腕都摔斷了，脊椎也折成兩半。那時我和朋友一起沿著碼頭散步，爬上了一條狹窄的小路，大海就在我右手邊。我們正在唱音樂劇《火爆浪子》（*Grease*）中的歌曲，當我熱情地大唱歌詞時，我向前跳躍——或者至少我認為自己是向前的。事實上，我是直接從側面跳到右邊，掉到了退潮露出的岩石上。我跌落到二十英尺下時，記得當時我在想，「啊哈，所以這就是人生的終點。」——即使此刻在打這些字的時候，我的手還是在冒汗，都已經過十多年了！所以，隨著我慢慢恢復，等我的石膏一拿掉、可以輕輕地轉動我的腳踝後，我就開始每天早上對自己說，「我今天可能會死。」等我一可以淋浴，我就利用早上洗衣服的習慣來實踐這個儀式。我會讓熱水流過我的身體，同時思考我所愛的人，以及這可能是我最後一天活著的真實可能性——「我今天可能會死。」

我確實創造了「勿忘人終有一死」的反思練習：對我的死亡的反思。

有很多方法可以改編這種做法。我的朋友達雷爾・瓊斯已將其融入到他的訓練中。你或許會下載 WeCroak 之類的倒數提醒應用程式，它每天會跳出來五次，提醒你即將到來的死亡。或你可以在早上擦潤膚霜或化妝時，在每次你上車時，找一句簡短的話大聲說出來。祕訣是經常重複，這樣你才會體驗到規律的反思，並感恩自己還活著。

祈求

禱告的最後一個階段是祈求，我們會有意識地把某個人或某件事放在神面前。在這四個階段中，這個階段最接近我一直認為的禱告——列滿想要與需要的神聖購物清單，但實際上，這是一個把我們所愛的人放進慈悲意識中的機會。我們可以建立一個自己想要祝福對象的名單，關注那些孤獨、生病或低落的人。當然，這也是我們可以為自己設定意圖之處。我喜歡遵照傑克・康菲爾德（Jack Kornfield）的佛教慈心禪修，我們會一遍又一遍地重複三個意圖。從我們自己開始，然後轉向我們所愛的人，再轉向陌生人，接著轉向讓我們感到掙扎的人：

願我平安，遠離痛苦。

願我盡可能快樂和健康。

願我安適。

願（她）平安，遠離痛苦。
願（她）盡可能快樂和健康。
願（她）安適。

透過一遍又一遍地訴說，我們就形成了祈求的節奏。我很驚訝地發現，我們可能偶爾會對某人感到生氣、沮喪，卻還是能夠對他們傳遞愛意。禱告就像是靈魂的工坊。在禱告中，我們能夠解決生活中的所有糾結。禱告可以緩和憤恨，為寬恕創造空間。我們所做的或許不會神奇地改變其他人或外在的世界，但禱告卻肯定會改變我們。

祈求看起來可能像是刻意的許願，但它也可以是提升我們的過程。比如說，我們會把恐懼召喚到自己的意識中。有時我會在日記中建立一個清單，試圖填滿整個頁面，好確保我挖得夠深，以清除我腦中的所有垃圾。「我怕這次考試會搞砸。我怕自己會發胖。我怕自己做了錯的選擇，搬到世界的另一端。我怕我無法完全地愛自己。我怕對某某人說錯話。」一遍又一遍，只列出我腦海中出現的任何內容，把它寫下來或大聲說出來似乎消除了困擾帶來的刺痛。這就是祈求式禱告的力量——它會為恐懼創造位置，同時將恐懼安放歸位。它能允許我們說出讓自己害怕的事情，而不會讓它壓倒我們，反而會出現一種開闊感，對我們的苦難有了另一種看法。也許我們的時間線會拉長，在更長的歷史脈絡下看到這一刻，或者擴大了個人視野，以至於會考慮除了自己之外的其他生物的利益。然而，光是列出恐懼的禱告，有時候不知怎麼地感覺不夠完整。我會在淋浴時大聲說出恐懼，恐懼會與蒸氣混合在一起，就這樣漂浮在浴室裡。一時興起時，我開始唱起一首我從姐姐那裡學來的歌，歌詞非常簡單：

點燃火焰，
照亮黑暗，
帶走所有恐懼。

這是一種改變恐懼的方式，並不是我感覺到真有個神衝進來清除我的恐懼，而是一種讓我意識到「主題演講」，接著用一首小歌來表達這些真理的簡單方法。我會重複這麼做，直到我覺得完整為止。不用說，這些問題並不會在我講完時就神奇地被解決——

但我跟恐懼的關係已經不同了，我會變得更平靜、對自己更有同情心。單單在這個小儀式中，對自己唱歌就能讓我記起，到頭來，無論我經歷怎樣的考驗，這些都會過去。

禪師雪莉．修柏（Cheri Huber）使這種做法更進一步，她解釋如何用手機錄製自己大聲說出的恐懼、痛苦和憤怒——詳細描述你感受到的所有挫折。接著，稍微休息後，就像在聽別人的問題般聽自己的錄音，並給予自己你會給予朋友和陌生人的那種同情和愛。用愛的耳朵聆聽後，再錄一段充滿愛的信息給你自己，說些智慧與關懷的話。接著，再次稍微休息後，聽聽第二段信息。

我最喜歡的祈求方式是透過祝福的藝術。對今天的絕大多數人來說，祝福是罕見的，然而人類的生活曾經充滿了祝福。過去我們可能會在啟程之前、在用餐之前、在結婚前或在安息日到來時祝福。「隨著宗教的滅亡，許多人陷入了空虛和懷疑的深淵；沒有儀式可以認可、慶祝或協商人們生活的重要門檻時刻，」在其奧多諾赫的著作《祝福我們之間》（*To Bless the Space Between Us*）中寫道，「這正是我們需要找回和重新喚醒祝福能力的原因。如果我們能帶著敬畏和關注接近生活中的門檻時刻，儀式將會為我們帶來比預期更多的東西。這就是祝福能帶給我們的禮物。」跨越門檻的時刻不再是恐懼的時刻，而是變成了為生活找到節奏、深度和意義的方式。

受到奧多諾赫的文章啟發，Podcast 的共同主持人凡妮莎和我自從二〇一六年開始製作節目後，每集的最後都會祝福《哈利波特》書中的某個角色。這份祝福給予的對象是虛構的文學人物，儘管如此，我們還是邀請聽眾也接受這些祝福。重要的是，祝福並不能抹去讓生活變得困難的事物，但它確實會深入生活，挖掘出深埋的痛苦創傷。就算沒有創傷，至少我們是活在那個當下。通過祝福，我們可以把孤立或痛苦的經歷，轉變成至少不再孤單。

祝福的時候，我們不只是分享一個想法。祝福的重點在於深入挖掘、對靈魂說話。我們會深入到存在的深處，從不可改變、永遠以我為中心的整體中說話。埃克哈特大師認為，我們內心的「那個地方」是時間和空間都無法觸及的地方，在中古高地德語中，他稱之為「vunklein」：內在簡單而神聖的火花。有時候在祝福中，凡妮莎和我會因為我們選擇的對象，以及我們表達的方式讓彼此驚訝。因為在某種程度上，祝福來自我們之外，就像它來自我們內部一樣。

真正的祝福可以肯定兩件事。首先，祝福肯定了我們內在的完整性。祝福的重點永遠不在於發展自己，或是變得更聖潔與有見識。這是一種禮物，能幫助彼此記起我們永恆存在的滿足。其次，祝福肯定了我們內在的緊密相連。正如作家大衛・史潘格勒（David Spangler）的解釋，祝福是一種「發現和表達我們身上天生就理解與自身相連的部分」的實踐。

接受祝福不等於虛假的正面反應，或廉價的 Instagram 標籤。祝福並不是站在有海景的相機前，或是在你身後發光的夕陽天空。祝福擁抱我們生活中最困難之處。透過祝福的實踐，我們會以尊嚴和深度來尊崇生命的痛苦。

奧多諾赫將祝福形容為「從一個人周身發出，用來保護、治癒及強化的圓」。在這點上，他借鑒了古老的凱爾特（Celtic）精神，凱爾特人面對危險時會在自己周圍畫一個圓圈。無論他們是否相信神奇的力量，這麼做會提醒他們，自己是被神靈圍繞著。無論身在何處，聖潔的奧祕都圍繞著我們，並穿過我們。祝福的存在就是為了提醒我們這個事實。如果我們變得不協調，祝福或祈求的禱告能讓我們恢復和諧。這就是為什麼，對奧多諾赫來說，祝福具有真正的力量。我們必須堅定地提供祝福，因為「祝福的美妙之處就在於，相信自己可以影響事情的呈現。」

社群之必要

讀到這裡，我得小小警告你們，在所有連結的體驗當中，最後一個（也就是與宇宙相連）不只是最神祕、也是最有力量的。某些人與超然的事物有著深厚的連結，散發著靈性上的成熟，但一如既往，強大的力量通常伴隨著極大的責任。非常重要的是，我們不該在這些禱告和神聖連結的實踐當中迷失自己。我們需要其他人讓我們回到腳踏實地、負責任並且安全。歷史上有太多關於狂熱思想家的前例，他們找到一種美麗而強大的方式投入神聖——但卻也癡迷的認為，自己的方式就是**唯一**的方式。

這就是為什麼我們要邀請聽眾表達對我們 Podcast 的意見，聆聽其他觀點可以豐富我們自己的神聖實踐經驗，這能讓閱讀保持新鮮感，也能讓思想保持敏銳。我們可以更容易地理解不同的觀點，當我們無意間以傷害他人的方式解讀時，也必須負起責任。

由行動實踐夥伴組成的社群其實不需要太大，只要有少數同行的旅人，就可以打開新的門、拓展我們的想像力。當我們的承諾減弱、信念動搖的時候，社群可以給我們繼續前進的力量。做為靈性的初學者，在神聖實踐的過程中，我們必定會步履蹣跚。即使是已經找到節奏的人，新奇與挑戰仍會意想不到地出現在眼前。像這樣的社群可以有各式各樣的形式，傳統的宗教組織會對某些人有效，但也可能以每年與一群朋友定期聚會，討論內心生活的形式出現。你可能已經有一個每個月都會通一次電話，或是在散步時間可以談談這些事情的夥伴。

我已經學到，在某些時候找到一位老師或是精神導師，為你量身訂作建議、讓你走得更遠，不只很必要，還會是一種寬慰！即便目前你可能還沒找到，還是有一些指南可以幫助你探索人類的精神，在那之前，如果你對自己如何投入神聖實踐有疑問，只要記得偉大的非洲神學家希波的奧古斯丁（Augustine of Hippo）曾說過：如果我們發現自己的意識遠離了對神聖和我們鄰居的雙重之愛，那我們就還沒達到修行的真正目的。

創造屬於自己的禱詞

我從來沒想過我會用「禱告者」來形容自己，也許你也是。不過，利用崇拜、懺悔、感恩和祈求的流程，我找到了一種可以連結我與某種超然於我的事物的方法。

你或許也有一些從小就熟悉的傳統，可以用來改編或是重新詮釋，或者可以試著用全新的方式，把所有能讓禱告鮮活起來的元素混合在一起。我很驚訝的發現自己會穿著雪靴和冬天的外套，在我老家的衣櫃裡重複一套傳統得不得了的禱告。那是我在英國念寄宿學校的時候學到的，而我只要一想到它就很討厭——那就是主禱文，基督徒神聖生活的核心元素，開頭那一句「我們在天上的父」，上帝最充滿父權意味的代稱——每次光是要說出這句話，就讓我感覺嘴裡苦澀起來。我這樣告訴我自己，如果上帝是個神祕的存在，那就得找到一種語言能喚醒我的靈魂，而不是讓它萎靡不振。所以基於我對森林的熱愛，我找了一副全是森林圖案的塔羅牌。現在，每當要開始崇拜禱告時，我就會從牌堆裡抽出一張牌，讓牌正面朝上，透過當天的圖案啟發我對上帝形象的想像力：可能是一隻狼、石頭國王、一隻鵪鶉、一把劍或是兩條互相交纏、象徵平衡的蛇。接著我會開始最傳統的禱告：「我們在天上的狼」或是「我們在天上的天秤」，不管牌面的圖案是什麼，都能啟發當天我對上帝可能化身的想像力！

有幾百種方式可以讓禱告變得豐富，就連佈置空間的方式也是發揮創意的機會。點蠟燭或薰香是設定基調最簡單的方法，或者像我一樣，在禱告時可以在肩膀上圍一條披肩。如今在世界各地盛行的禱告披肩，因為它們充分體現了神的擁抱。每當我披上那條朝聖夥伴卡羅琳送我的紫絨披肩時，就能感覺到溫暖、平靜和自在，好像我可以躲在它裡面，又同時被它鼓舞。披肩本身其實沒什麼特別的，但就像是神聖的文本一樣，如果我一再穿它，它就會變得充滿意義和回憶。又或許是像對待神聖經典般親吻自己的日記，舉起筆說：「讓我用真理與愛來寫作」，再開始寫日記。無論你採取怎樣的做法，只要能夠幫你集中注意力到這個反思的時刻，那就是有價值、值得儀式化的方法。

如果做了這麼多之後，禱告對你來說，聽起來仍然像是不可能辦到的事、太過陌生或是太宗教，那就這麼做吧：跟你自己對話。把這四個步驟當作提示，談談你的人生，你做到了什麼？又未能完成什麼？談談你是誰，你又想成為怎樣的人？還有你喜歡（和不喜歡）怎樣的人？談談對你來說最重要的事，即便你知道除了自己以外，沒有任何人會聽。除非我們自己夠誠實，除非我們說真話，否則很可能會忘記自己忠於什麼。

不論是要把這個做法融入自己的生活，或是豐富已經存在的儀式，我們都已經擁有開始所需的一切了：我們已有的日常習慣。每天早上塗保濕霜或是在通勤的時候，我們可以對自己說些什麼？這些微小的時刻就讓我們可以回到自己的內心，貼近自己的想法。知名的耶穌會神學家沃爾特・伯格哈特（Walter Burghardt）把沉思禱告定義成單純的「長久而充滿愛的凝視真實」。當我們可以面對真實，能用原始語言說話，我們就能夠成為最完整的自己，而這對世界有著至高的價值！能過著充實的生活，對我們周圍的人來說，是多麼棒的一份禮物。我們所做的決定、花時間和金錢的方式、我們如何參與政治——如果我們能用長久又充滿愛的方式凝視真實，這一切全都會變得豐富起來。

如果你對寫日記不感興趣，可以用跳舞或唱歌的方式來禱告，或是用烘焙或畫畫的方式來呈現。把你所有的愛揉進麵團裡，找一支炭筆、一張紙，賦予在你心中盤旋的憤怒和悲傷形狀。這一切的重點在於，這些具體的實踐必須和你心裡所想的真相連結。列出一份你所愛、希望能放在心裡的人的名單；書寫你的感恩日記；每天寫晨間筆記；把你生活中發生的新鮮事記錄下來，坦承你感受到的壓力，那些你無法控制的力量；問問自己在害怕什麼，在哪些地方覺得卡住、開心或是引發好奇。

請記得，你不需要買任何新東西，或是改變自己目前記錄的方式，只需要注意。你經常會坐在特定的椅子上嗎？還是會在開始之前喝茶？你會不會用軟墊枕著寫字的那隻手？只要給它們一個祝福或是親吻，你就能讓這一切變得神聖。知名整理師近藤麻理惠

（Marie Kondo）曾經表示，整理東西的精神意義在於：把某樣東西緊抱在你的胸前，閉上眼睛，向它表達你衷心的感謝。事實上，每個時刻都可以成為神聖連結的瞬間，都是悄然禱告的契機。

第五章

連結之後

我希望這本書能幫各位了解兩件事。第一，你早就擁有一系列可以被稱為「精神修行」的儀式——即使你從來不會用這個詞彙去稱呼。閱讀、走路、飲食、休息、沉思，這些都是合理，也值得你注意跟在乎的行動，還可以是建立深刻連結的生活方式的基礎。第二，我希望你在轉化古老傳統豐富現代生活上感覺充滿力量，你也被允許發揮創意，結合古老與新興的元素。

我們生活在一個被迫超越極限的時代，必須更認真工作、表現更好、賺更多錢、做得更多，也要擔任更多角色，跟以往相比，我們吃更多的藥，更沮喪、更焦慮，也更孤單。我們生活在美國史上最大的貧富差距時代，年輕世代陷入負債累累的困境，年長世代為了早日退休苦苦掙扎，還面臨白人優勢的瓦解。一直以來，網路與消費資本主義帶來的急速變遷，正在重新塑造我們精神與社群的地景。幾乎我認識所及的每個人都有過這種感覺，他們無法達到一個已定義好，但完全遙不可及的標準，以至於總是感覺不到自己已經「夠好了」，這點阻礙了我們對任何有意義時刻的享受。這些不平衡從根本上偷走了我們的快樂。

但這個情況不會一直持續，也無法持續下去。已經有夠多人聰明到能夠辨識這些陷阱。人們開始關閉自己的臉書帳號、找到新的學習目標，並改變了「擁有自己房子才能生活」的觀點。

在此期間，有許多人正在拆解及混搭自己的精神生活，重新創造能讓我們和自己、彼此、自然以及宇宙連結的實踐做法。這其實並不總是那麼容易。隨著年齡增長，那些幫助我們找到意義與連結的古老答案、儀式還有結構，不再與生活對話，但我們已經從祖先身上繼承了偉大的精神遺產，因此閱讀的書、一起吃飯的對象、旅行的方式，以及沉思和冥想的時間，這一切都有潛力被轉變成神聖的連結時刻，例如遛狗、游泳、淋浴、開車通勤、料理晚餐。我們可以發明全新的故事、結構和新的慣例供人遵循，但若是回歸傳統，根據我們所處的文化脈絡重新思考時，仍然有更豐富的意義層面等著被發現。透過汲取從小就習慣的做法或是被教育的觀念，我們就能夠證明，這些對傳統的體現是真實、可尊崇，而且有價值的做法。

建立生活準則

那麼，一旦我們已經找到方法可以在這四個層面加深我們的連結，接著又該怎麼做呢？要怎麼把這些從生活中不同來源跟靈感擷取來的「活動」整合在一起？精神上的成長，不在於做更多靈魂可能已經在做的事情，而是以設計過的方式去做同樣的事情。所以我要跟各位分享最後一個工具。人們會在不知不覺中創造出一些方法，如霍斯堤（Holstee）的省思神諭卡、葛瑞琴．魯賓（Gretchen Rubin）的追蹤表、艾倫．狄波頓（Alain de Botton）的「人生學校」（*School of Life*）系列著作、九十天計畫日記（Monk Manual）、貼在臥室牆上的用來記錄自已實踐和承諾的清單——這都是「生活準則」的實踐形式。

生活準則是透過把我們的承諾整合成一種生存方式，並引導我們以這種方式生活和實踐。它是讓我們得以在生活中保持穩定節奏的一種方法，從西元三、四世紀以來，修道院就一直在使用這個方法。「規則」（rule）這個字其實跟被允許或禁止的行為沒有太大關係，相反的，它用上了詞根「regula」的拉丁文含義，意思是管理或指導。所以如果這能讓你感覺更好，你可以把生活準則想像成一種生活模式。在猶太傳統裡，穆薩爾運動（Musar）也有著類似功能，它會提供某種中心結構，幫助我們成為自己想成為的人。

生活準則讓我們可以創造出每日的生活節奏。剛開始是整個社群一起實踐，到今天已經有越來越多人會制定屬於自己的個人生活準則——當然，我們還是可以成群結隊地實踐它們。最棒的是，生活準則能夠幫助我們將自己的價值觀和意圖，以及得以實現這些意圖的實踐結合在一起。換句話說，在這本書中探討的「儀式」可能是某件事或某個人，而「生活準則」可以將這些儀式組合成一套模式。

在傳統社群的生活準則，可能會包含好幾十種不同的小原則或做法。所有這些小原則綁在一起，就構成了完整的生活準則。比如說，修道院的生活準則可能包含了一個僧侶如何禱告、吃飯、工作和生活等的小規則。每天早上，修道院僧侶們會聚集一起，大聲朗讀其中一條原則。這麼做一個月，他們就能夠確認完所有生活準則。一起大聲朗讀會播下專注的種子，讓他們得以專心實踐當天的特定規則。比如說，聖本篤準則（Rule of Saint Benedict）中第四十八條，開頭就寫著：「怠惰是靈魂的仇敵。因此，弟兄們

〔僧侶〕應該在固定時間從事體力勞動，並在其他固定時間進行神聖的閱讀。」有數百個不同的社群建立了不同的規則。聖本篤準則是最有名的，但還有其他如聖方濟各（Saint Francis）與聖嘉勒（Saint Clare）準則，或是幾世紀以來被寫下的各種準則，這些準則通常會清楚表達自己的價值，接著說明該如何實現那樣的價值。

找出你自己的生活準則，需要一些時間和深思熟慮，但完全是可行的。首先，找出一些你想實現的美德或意圖，數量最少三個，也可以多達三十個。我在設定自己的生活準則時，會為本書中提到的四層連結各自寫一條規則——對自我、對他人、對自然，還有對超然的宇宙。

接著，針對每個主題，寫下幾則筆記，打幾行草稿，也可以寫長達半頁。如果想得到一些靈感，你可以參考查爾斯．拉豐（Charles LaFond）的《給自己的筆記》（*Note to Self*）或大衛．弗萊霍夫（David Vryhof）《有意識的生活》（*Living Intentionally*）的練習小手冊。

我會先從寫下一條和自己連結的規則開始。我知道當自己狀態變差時，就會傾向過度工作，逃進我的電子郵件收件匣裡（因為至少在那個當下，我是在處理一些我可以確實取得進度的事情），但我知道休息和不工作的時間對健康極為重要。因此從二〇一四年起，我就開始實踐自己的3C暫離日，這如今已成了我最重要的精神實踐，但只要我去旅行或不在家時、當我突然有個緊急的截止日，或是當一場重要的足球比賽開始，這個實踐似乎瞬間變得無關緊要。我很需要一顆北極星，提醒我為什麼要做這個實踐，為什麼這對我來說很重要，它是不斷讓我回到我所重視事物上的指南針。於是我試著把它寫下來。

休息是必要的。

如果沒有休息，愉快的事情就會變成日常雜務。優先順序會消失，我也會陷入毀滅性的行為模式。休息是一種責任——不只是對我在乎的工作，也要對下屬們負責。

我將查看最後一封電子郵件，完成最後一個動作並打勾。

如果在暫離日時，有無可避免的活動插入——比如婚禮、葬禮或是其他重要的人生時刻，我就會另外安排一天休息。

我不會在休息的日子旅行。星期五晚上我會待在家，或是某個悠閒的地方。

當我為了遵守暫離日而拒絕愉快，甚至可以賺大錢的機會，我會更明確知道自己正在遵守這條規則。

星期五夜幕降臨時，我會把我的手機和筆電關機，直到星期六黃昏，才會再打開它們。這是一種神聖的節奏，以便重新進入這個星球的自然規律。

暫離日並不是一種奢侈，而是一種權利。我算什麼，竟敢拒絕休息？

暫離日會孵化並解放我最有創意的想法，也是美好計畫和渴望的誕生之處。不是因為我強迫它們出現，而是因為我可以接受它們。

在休息時間，我可以放下自己貪婪的本性、享受每一次呼吸。我會唱歌、畫畫、寫作、睡覺、走路、吃飯、說話、聆聽。我會很安靜、會沉思。我會點上蠟燭。

如果我開始分心，誘惑只會越來越多。如果沒有失敗，一旦我精疲力盡，就會面臨危機。休息是來幫助我的工具。

當然，我偶爾也會有未能遵守的時候——如果規定那麼容易遵守的話，就不會需要它的存在了！但定期重讀這份提醒，可以幫助我和自己設定的意圖重新連結，它提醒了我遵守對自己的承諾生活時會是什麼感覺。當我有足夠的時間唱歌、凝視窗外、讓新的想法浮現，或是想聯繫某人，如果我能夠優雅地度過生活的顛簸，都是因為我好好地遵守自己的準則的緣故。因為當我感到易怒又疲累、感到憤怒與孤立時，我可能會過度工作，而不會堅持這個練習。

承諾要在一段時間內遵守規則，也會很有幫助。你可以先從一個月或特定的某一季開始。如果你有信心，就可以許下堅持一年的承諾，但你不應該期待在短時間內產生巨大的改變。正如拉比西姆查・齊塞爾・齊夫（Simcha Zissel Ziv）在《日常神聖》（*Everyday Holiness*）中提醒我們的，轉變心態是「一輩子的工作，這就是為什麼你有一輩子的時間可以去做這件事。」

當你開始在紙上寫字時，在你承諾實現你的意圖之前，可以請某個人先看過一遍。我會跟至少一位我信任的智者分享我的準則，請他們回饋我寫下的內容與他們有關的部分。這個做法會避免你掉入羞愧的陷阱，讓你不會因為辜負自己的期望而責備自己。和某個有陪伴經驗的人建立連結，也會同時加深你自己的精神實踐，這些人像是精神上的導師或長者，這是另一種得到支持的絕妙方法。

在閱讀這本書的同時，如果你已經在思考自己正在進行或是打算實踐的做法，如何讓你將古老的智慧融入到日常的習慣裡。生活準則可以幫助你整合這一切。在這個斷線的時代，這是你建立連結的急救包。生活準則可以讓你回頭省思，那些打開心扉、振奮精神的話語，提醒你天生就有的，和你自己、和他人、和自然，以及和宇宙最大的奧祕連結。

沒有承諾，實踐就不算實踐

至此，我們已經無法逃避這個令人挫折的現實，那就是要深化一個習慣（無論是遠離科技或是一起吃飯），我們都必須做出一定程度的承諾。精神實踐感覺比較像是鍛煉，而不是去購物或是享受奢華的芳療約會。開始進行某項實踐時，無論是打籃球或朗誦詩歌，它連結我們與重要事物的緊密程度，取決於我們執行承諾的程度。不幸的是，這意味著當我們想要時才去實踐，就違背了實踐的目的。因為當我們最不想坐在冥想墊上，或是拿起筆的時候，正是我們最需要去實踐的時候！達賴喇嘛曾說過一句很有名的話，他通常每天都會冥想一小時，但是在他特別忙碌的日子，一定會冥想兩小時！說的更白一點，這其實是很困難的事。在我的家族裡，我是出了名虎頭蛇尾的人。然而，精神實踐的成果需要時間醞釀，表現出色的人，也沒有頒獎典禮或榮譽加身。事實上，我所見過在精神層面上最出色的人們，都是最不為人所知的人。

要讓自己更容易成功，我發現許下有時限的承諾，會是很有幫助的第一步。如果知道自己只需要堅持八週、七天或是二十分鐘，能讓我比較容易度過過程中最艱難的時刻。身為一個靈性初學者，我發現葛瑞琴．魯賓在其著作《過得還不錯的一年：我的快樂生活提案》（*The Happiness Project*）中提到的有效方法——為了讓自己過上更幸福的生活，她嘗試過各種新方法，而其中把每日承諾的清單貼在牆上，並一一勾選，這是她認為最有效的方法。雖然是非常基本的做法，其實沒什麼好丟臉的。任何沒經驗的新手（包括新的修士或修女）剛進修道院的時候，都會著手做這種紀律與資料的追蹤。這就是我們需要的做法。

在我們試圖堅持某項實踐的艱難時刻，可以把實踐想像成跟老朋友相處。有時候，在一起的時光會感到既刺激又鼓舞人心，我們會覺得被理解、被在乎、被看見。但其他時候，可能會感覺有點乏味。也許因為我們累了，或那天過得很糟。但即使在低潮時，即使感覺沒那麼有成效時，真正的老朋友還是會待在我們身邊。因為我們在乎彼此，而且也明白生命中持續陪伴的喜悅，終會勝過低落的時候，這會讓我們堅持繼續跟彼此在一起。

探索新的儀式和創造新的傳統可能富含趣味和創意，人類最古老和最常重複的做法，通常也是最有意義的。在我們經常被當作顧客，而不是公民對待的世界裡，我們唯一被邀請投入這世界的方式就是消費。我們應該開始懷疑不斷追逐最新趨勢的做法，與其表現得像是精神觀光客，只是隨意瀏覽表面上的快樂，不如嚐得更深，盡情享用在真正精華底下那些隱藏的愉悅。就像雞尾酒，最好的部分總是在杯底！

那些美好又超然的一次性經驗，這些時刻很寶貴，但是它們卻不會形成一種持續的實踐。實踐就是要一再地反覆練習。當我們開始某些新事物的時候，都會體驗到新奇的快樂。無論是初接觸的新奇，還是與他人分享喜悅，但到了某些時間點，這個做法就會開始失去魔力。一次又一次重複一項做法，需要內心的紀律，尤其是當情況艱難、覺得疲憊、不想去做的時候。所以請堅持下去。畢竟，我們能成為怎樣的人，就在於我們實踐了什麼。

我們錄了超過兩百集《哈利波特與神聖的文本》之後，我震驚於因為堅持做某件事情這麼久所得到的純粹快樂！即使我們探討同樣的故事、同樣的角色，每一週都走同樣的流程，但還是會有所發現。許多聽眾也會寫信告訴我們說，他們從來沒想過還有這種新的角度可以探索巫師的世界，即使他們已經重讀好幾次，也看過無數 Tumblr 上的討論串。這是因為我們自己不斷變化的生活，會反映在文本裡面，因此永遠都會有新的想法可以揭露。我們曾仔細研究過的某些單詞或句子，會變得很有意義。重新閱讀它們，讓我想起自己和凡妮莎的友誼時刻、回憶起我是誰，並將這些記憶與現在的我連接起來。因此，無論你的連結做法如何變化，只要你找到某些感覺對的東西，就堅持下去。那會是最可靠的前進方法。

緊張、分歧和神祕

就許多方面來說，在過去幾百年裡，我們對「信仰」的理解是一種反常現象。因為西方一直以來都被貼上大大的「基督新教」標籤，我們就以為信仰是關於你所相信的東西。當然，這只是其中的一部分，但是世界大多數的其他地區（而且大部分歷史也是）都指向了另一種不同的思考方式：信仰是關於你實踐了什麼。

比如說，古典主義者莎莉・漢弗萊斯（Sally Humphreys）曾寫過許多關於古希臘宗教觀的文章。她認為希臘人並不覺得自己本身有宗教信仰，他們會尊崇奧林帕斯山上的神，但也會信奉河中仙女或抽象的概念（像是智慧和勝利）。他們透過各種儀式召喚這些偉大的力量，包含血祭、倒奠酒，還有諮詢銘文。他們也會禱告、詛咒和祝福彼此。當戰爭或是悲劇促成希臘與其他民族或文化交融時，他們就只是將那些新神納入他們的神聖世界裡。拉爾夫・安德森（Ralph Anderson）曾經在《牛津古希臘宗教手冊》（*The Oxford Handbook of Ancient Greek Religion*）裡解釋說，希臘人所尊崇的神來自色雷斯、埃及、敘利亞和弗里吉亞等地，希臘人從來不會將之理解成一個天堂大集合的概念，根本就沒有一個學者所說的系統神學：關於一切如何交織在一起，形成一個完整而合乎邏輯的理論基礎。

老實說，我覺得這正是大多數人實際的生活——無論是否有宗教信仰。大多數人擁有的信念其實是由多種文化假設組成，童年傳統、高峰體驗、深刻的憂慮和羞愧、祕密的希望和渴望、無法解釋的直覺，還有極其美好的想法。我們可以在早上思考一件事情，下午想另外一件事情，而誰又知道，在凌晨三點接到急診室打來的電話後，我們會相信什麼。就像古希臘人一樣，對於為什麼要進行某些儀式，我們也沒有完整的答案。走進任何教會問會眾說，為什麼他們要進行某種共同的儀式，你得到的答案會跟現場的人數一樣多，甚至可能更多。靈性和宗教永遠在處理緊張、分歧和神祕的事——某種程度上，這其實就是它們存在的意義。

在接受牧師培訓的期間，我的老師史蒂芬妮·保瑟對她的導師表示，她還沒準備好要參加聖餐禮。「我其實還不知道那對我有什麼含義。」她表示。她的導師只是笑著回答說：「史蒂芬妮，我們吃麵包和喝酒並不是因為我們知道那有什麼含義，我們會這樣做，是因為我們正在學習其中的含義。」核心上，聖餐這樣的儀式幫助我們活在一個巨大的悖論當中，這個悖論一直隱藏在這本書中，卻還沒被命名。而現在該是時候了。

建立、成長與記起

當我們透過建立意圖，並持續參與深刻的連結來實現自己的渴望時，會開始感覺儀式像是變成待辦清單上另一個待完成的項目。甚至我們用的語言也支持這樣的觀點，比如說，我們經常會談到「建立社群」或是「創造連結」。這聽起來有點像是某種工作。創造我們彼此相連的感覺，的確需要真正的努力——尤其是在今天許多人感到孤立於彼此和周遭世界之外的時候。建立社群並創造連結，意味著需要繁重的工作、專業技能和規劃工具，但關於一種承認靈魂存在、為連結創造空間並治癒孤立的生活方式，可以重新被定義為「關注更少工作，關注更多有機式的成長」。

我是在「有機社會」的脈絡裡學到這個概念的。當我們開始進行《我們如何聚在一起》的研究時，我從同事安吉．瑟斯頓那裡學到了這個名詞。以自然的隱喻來理解如何加深人類的連結會很有幫助，各種關係的相互作用更像是自然的生態系統而不是機器，它還可以應用到本書中提到的四個層次的連結。我們並不「製造」連結，連結就像大樹一樣，會隨著時間過去而增長。儘管我們試著用大量的應用程式使反思和連結的過程常規化——那些用遊戲方式獎勵你持續約會或冥想的應用程式，反而讓我們感覺到另一種「被框住」。我們和自己、和彼此、和周圍的世界、還有更大的神聖存在連結的關係，就像是地球的自然循環一樣，也會經歷四季週期。有時候，我們會對連結會有一種暗淡的麻木感。有時候，會感覺我們花了很多時間播下種子，但收穫卻很少。但有更多時候，我們會被自己體驗到的愛和喜悅的豐收淹沒，如同一個結滿夏季果實的果園。就跟農夫一樣，我們會播種、收成、偶爾也會休耕。

但比起成長的譬喻，更驚人的是奧多諾赫邀請我們思考連結的方式。在一場一九九八年跟靜心導師雪倫．薩爾茲堡（Sharon Salzberg）的對話中，他解釋道：「我沒辦法相信任何關於創造社群的概念，我覺得這整個試圖建立社群的計畫已經錯位了。我認為社群是這樣的，就本體論而言，它一直是存在的。所以，這個計畫的重點比較像是『覺醒』。」對他來說，連結是被記住或揭示的，因為我們已經「以一種極其親密卻看不見的方式危險地相互聯繫。」這就是身為人類的意義，連結就是這樣，我們每個人都與其他事物相連。

這個基本的事實在《我們如何聚在一起》的研究裡全部都有寫到，如果說研究證實了什麼，那其實就是連結並沒有過時或消失。在周圍世界和我們自己之中，一直都有所謂的連結。我們透過研究認識了許多最高效的領導者，都是在充滿活力的社群裡被撫養長大的。他們有許多是牧師、拉比還有夏令營主持人的小孩，融入群體的經驗早已滲透到他們的骨子裡了。他們以深刻連結的經驗為基礎，創造了當代各種社群形式。

對奧多諾赫來說，連結跟我們生命中愛的覺醒有關。「在你心裡的夜晚，是破曉時分。過去是匿名的，現在是親密的；過去是恐懼的，現在是有勇氣的。」他在自己的經典著作《靈魂朋友》（*Anam Cara*）裡這樣寫道。我們所有人都需要被提醒（一天就需要好多次），無論做了什麼，我們天生就值得那些深刻而神聖的連結——我們本質上都是彼此相連的。

但也有幾天（有時候是好幾個星期跟好幾個月），會感覺一切都很不真實。在這些時刻，我們能感受到的就只有自己的孤單。有時候我們也可能會覺得，不只是與其他人有所距離，還包括和我們自己離的很遠，或找不到更大的意義和目的。就像神學家保羅・田立克（Paul Tillich）所寫的，「存在即是分離！」

但其實還有一個矛盾的祕密：連結跟孤立，其實是一體兩面。

我很確信，如果沒有在男子寄宿學校度過孤獨青少年時期的封閉成長經驗，我不會像今天這樣對深刻的連結充滿熱情。如果沒有經歷過孤立，我們根本不會知道連繫。當你感覺到那巨大的空虛時，你其實並沒有出錯。你也不需要改變什麼，沒有什麼需要解決的，只有一件事要做——

就是記得。

請記得，這兩者都是正確的：巨大的空虛與永恆的連結、覺得澈底孤獨與相互依存的被愛，我們生存在悖論之中。在本書中探討的所有實踐、故事和儀式，都只是為了幫助你，在快樂和悲傷、無法承受與疲乏乾枯的時候，只要記得這件事就好。

致謝

我很確信，如果沒有數以萬計《哈利波特與神聖的文本》的聽眾，這本書就不會有機會出版。感謝每一個收聽的人，讓我和凡妮莎還有亞莉雅娜每週參與你們的生活！我保證在我們錄完《死神的聖物》之前，我會烤出那個蛋糕的。

至於我的夥伴們，非常感謝亞莉雅娜・內德曼無數小時的編輯，還有不時應和我愚蠢的笑話。還要一生感謝凡妮莎・佐爾坦，她跟我共同創造了一些神奇的東西——即使在世界看來我們荒謬不已。不僅如此，還要謝謝妳是一個驚人的好朋友。

感謝我的文學經紀人，麗莎・迪莫納。我期待更多的巴黎式午餐！還要謝謝勞倫・卡斯利和作者之家（Writers House）團隊的支持。

大大感謝我出版社的編輯安娜・保斯騰巴赫。妳敏銳而周到的編輯帶來的清晰度和影響力，遠遠超出我的能力！還要謝謝妳自始至終的善良，我永遠不會忘記妳回覆我第一份糟糕草稿的搞笑註解……

還要感謝出版社整個團隊，尤其是瑪麗·格蘭奇亞、米奇·茂得林、雷娜·阿德勒、茱迪絲·克爾、梅琳達·穆林、茱莉雅肯特、凱瑟琳·漢彌爾頓、吉迪恩·威爾、艾丹·馬奧尼，以及每位賦予這本書活力的人。

深深鞠躬致謝達契爾·克特納（Dacher Keltner）慷慨撰寫序言，以及他數十年的研究，為我在書中描述的許多實踐提供了科學證據。很少有人能用這樣的技巧將科學和深情結合在一起，達契爾就是上帝造物兼具美麗與智慧的證明！

感謝聖約翰福音傳教士協會（Society of Saint John the Evangelist）的弟兄們，在我為了寫作多次訪問寧靜美好的寶砂之家（Emery House）期間，熱情且慷慨地接待我。

感謝費茲研究院（Fetzer Institute）整個團隊，尤其是蜜雪兒·沙伊特和鮑伯·博伊斯圖爾，謝謝你們在過去四年支持我的工作。謝謝蜜雪兒的友誼和熱情，讓我們知道在卡拉馬如要去哪裡找最好的早餐！

如果沒有在哈佛神學院美好的六年，我永遠不會知道本書中提到的大多數實踐做法。我永遠虧欠達利·羅斯一份，他總是有辦法讓魔法發生，感謝馬修·波茲的嚴謹和想像力，感謝馬克·喬丹的榜樣和慷慨的回饋，感謝大衛·漢普頓總是說好，還有所有表現慷慨的同學和教授。我要特別感謝兩位啟蒙我的人，他們永遠使我的精神和智力生活更加深化和活躍。首先謝謝凱瑞·馬洛尼聽我說話，並總是給我一句金言。我不斷發現自己從你身上學到了多少，儘管你從未正式成為我的老師。當然也要謝謝史蒂芬妮·保瑟讓我明白如何轉化傳統之美，而且總在背後堅定的支持我、在我耳邊訴說鼓勵的話，讓我有信心去探索自己的靈性生活。妳給了我無盡的財富！

衷心感謝我舊的、新的還有遠方的導師、老師、長輩們：賽斯·高汀、艾瑞克·馬丁內斯·雷斯利、肯·貝爾登、伯恩斯·史坦菲爾、南西·阿默曼、傑夫·李、吉爾·倫德爾、約翰·多豪爾、凱蘿·金、尼爾·漢密爾頓、蘇·莫斯特勒、約翰·奧多諾赫、納迪亞·博茲韋伯、理查·哈洛威、凱·格倫瓦德、索利泰爾·湯森、布芮尼·布朗、德瑞克·范比弗、理查·帕克、凱瑟琳·麥克帝格、約翰·葛林、理查·羅爾、赫舍爾、亨利·努文、帕克·巴默爾，尤其是夏洛特·米勒，為我在倫敦重新打開通往靈性生活的大門。

隨著年紀漸長，我開始發現人生的關鍵在於你遇到的人、還有你與他們一起創造的東西。感謝這些同行者和共創者一路走來的友誼：希拉蕊·艾倫、卡羅琳·霍依、強納森・克朗斯、愛麗兒・弗利曼、潔咪・海恩、茉麗莎・索貝爾森・海恩、英格麗・華納、米拉・馬吉、丹尼爾・沃金斯、瑪麗莎・埃格斯壯、尼可拉斯・海耶斯、艾莉卡・卡爾森、安德魯・布萊德利、蒂蒂安・帕拉契、勞倫斯・巴里納二世、亞當・賀維茲、列儂・弗勞爾、艾倫・威布、莎拉・布萊德利、朱麗安・霍特-倫斯塔德、珍・貝利、莉蓮娜・瑪麗亞・珀西・路伊斯、約夫・施萊辛格、席德・施瓦茨、艾力克斯・伊凡斯、亞登・范諾朋。麗莎・格林伍德、梅麗莎・巴多羅買伍德、艾蘭・巴布丘克、莎拉・路里亞、香儂・羅斯、阿米查・勞拉維、普莉亞・帕克、塔拉妮可・奈爾森、梅・鮑伊弗、麥可・波芬伯格、布羅德里克・吉爾、廷波・史萊弗、強尼・查特頓、史考特・佩洛、艾力克斯・史密斯、麥克・威布、貝瑞・芬斯通、克里斯汀・皮爾、茉莉・萊斯、伊麗莎白・卡特、丹雅・舒爾茲、史考特・海夫曼、傑夫・沃克、維維克・穆爾蒂、珍妮・蕭，在此就不一一列舉。

還要感謝閱讀我早期草稿，並提供有見地、善良且適度具有挑戰性回饋的勇士們——尤其是勞倫斯・巴里納二世、希拉蕊・艾倫、安德魯・布萊德利、漢娜・托馬斯，還有奧利維亞・霍頓威利斯。（尤其是奧利維亞，你在不應被人閱讀的一頁上看到重點，且仍然支持這個出版計畫，為此我永遠感激不盡！）感謝瑞秋・希爾和潔恩・貝克跟我分享有關圖書出版的關鍵見解，謝謝瑪雅・杜森伯里精確的事實查核，還要謝謝瑪吉・迪倫堡、艾莉卡・威廉斯西蒙、傑瑞米・海曼斯和娜塔莉亞・斯維爾延斯基制定策略。

我和我工作上的夥伴安吉・瑟斯頓一起經歷了成就這本書的許多過程。無論是在衛理公會主教的房間前演講，看著一個人穿戴噴射背包降落在田野裡，或是穿越異世界——我很喜歡跟你一起學習並塑造世界。說不定我因此而變得更好了？我相信百分之百可以！謝謝安吉還有另一位工作上的夥伴蘇・菲利普斯，我永遠欠你們一份情。如果本書能夠鼓勵任何人精神上的深化，全都歸功於你的友誼和榜樣。沒有你們，我就不會在這裡！

謝謝我的家人——蘇珊娜、馬克、蘿拉、芙樂兒、羅莎，我愛你們！曾經有人告訴我，每個人的第一本書都是關於母親的，而這本書當然也不例外。我母親如何撫養我、如何養育整個家庭，成為我在本書中一切分享的基礎。從穿越亞士頓森林的漫長步行、篝火旁的歌曲、週六晚上的紙牌遊戲——妳其實才是這本書的作者。